障害児が変わる！
脳・からだ・こころを目覚めさせる科学的発達支援

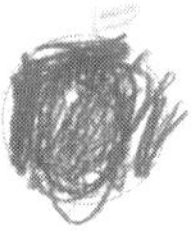

ろぜっと保育園園長 兼
子ども子育て支援複合施設「なかまの杜」施設長
相馬範子［著］

合同出版

はじめに

私が障害児保育・教育を学んでいくことになった最初のきっかけは、東北福祉大学の学生時代に故河添邦俊先生に出会ったことです。あれから40年以上経った今でも、私はことあるごとに先生の著書を手に取り、その考え方の基本となることを学ばせていただいています。

大学2年生のある日、私は、河添先生のゼミ室に呼ばれました。「おもしろい学生がいる」と、当時東北福祉大学の講師を務めていらした久保健《たけし》先生（現日本体育大学教授）が、河添先生に私を紹介してくれたのでした。

教授室のドアをたたいてからまだ数分も経っていない初対面の私に、先生は、「相馬さん、君はどんなふうにご両親に育てられたのですか……障害児教育をやってみませんか。それには『なのはな共同保育所』（現『なのはな保育園』）でボランティア活動をするのがいいです……」などと、質問ともアドバイスともとれない話をされました。

私は、話の最中から、「この教授は、なんてぶしつけな人だろう」と、怒りともなんとも言えない反発の感情をもってしまいました。そして、話の最後に、「それではやるだけやって、私の方から『障害児教育になんか興味がない』ってことを示します」と啖呵《たんか》を切って教授室を出てしまいました。このことは先生も長らく覚えていらっしゃって、「あの時は、実は、僕もドキドキしていたよ」と、ずっと後になって笑って言われました。

思えばあの日から私は、まさかのミイラ取りがミイラになってしまったのです。

私は、保育所の保護者面談や障害がある子の発達相談を長年やっていますが、「我ながら、随分と言いたいことをはっきりと言うなあ」と、思うことがあります。これはもしかしたら、恩師譲りなのかもしれません。しかし、「自分が相手にどんなふうに思われるのか」は二の次で、「今、目の前の子どもにとって必要なことをしっかり伝えたい。今を逃してはならない」と思うと、気持ちが急《せ》いてしまうのです。

さて、河添先生の勧めで障害児保育のボランティア活動をすることになった「なのはな共同保育所」は、「障害がある子を成長させたい。障害を軽減・克服していく方法はないものか」と、保護者と指導員・保育士、学者・学生が、目の前の子どもの発達的変化と今後の課題について、それぞれの立場で考え共に実践し研究していこうと集う場でした。

障害児教育に特段の思い入れもなかった私にも、ボランティア初日から当たり前のように担当する子どもとその親御さんが決まりました。まだ歩くことができず、「アー、ウー」としか言えないMさんという4歳の女の子との初対面。どのようにして接したらいいのかわからず、おそらく私は、自己紹介もままならなかったと思います。しかし、穏やかな親子の瞳に救われたことを記憶しています。

この時が障害のある子どもとの初めての出会いでした。

親御さんが子どもを誘うようにして行なう体操やハイハイ運動をバックアップする指導員や保育士、それを観察している研究者と学生たち。親子が帰った後、必ず一人ひとりの子どもに対して開かれるスタッフ同士のカンファレンス。私にも何らかの発言を求められたと思います。何を言ったのか覚えていませんが、帰りのバスに揺られながら、「私は、目の前の子どもについて何も知らない。それは、今後あの子と接するに際して、とても失礼なことだ」と、自分の無知に憤慨していたことを、はっきりと覚えています。

翌週、その子の親御さんに、定期的に家を訪問し遊ばせてもらえないかと願い出ました。「知りたい」という、私の一方的な欲求からでした。それを受け止めてくださったＭさんご一家との出会いも、今の私の障害児保育・教育の原点の一つになっています。Ｍさんには知的障害と口蓋裂《こうがいれつ》があり、それが彼女にどういう発達上の影響を与えているのかということを知ることができました。

あれから40年ほどの歳月が流れましたが、障害がある子どもの発達の保障は進んだと言えるでしょうか。

２０１６年、「障害者差別禁止法」が施行されて、障害児・者が障害を理由にして公共の施設の利用を拒まれることはあってはいけないことになっています。縁あって現在、横浜市にある認可保育所の園長、子ども子育て支援複合施設（認可保育所・学童クラブ・障害児の発達支援と放課後児童デイサービスが一つの建物のなかにある）「なかまの杜《もり》」の施設長を兼務していますが、私自身もまだ、暗中模索の中にいるのです。自分たちが掲げた高い理念のもと、障害がある子もない子も、どの子も受け入れる施設は建てましたが、障害がある子への理解と支援が十分かというと、その中身はまだまだなのです。

わが子の障害を受け入れられず苦しんでおられる親御さんや、「障害があるからしかたがない」と半ばあきらめているかのように、障害を「その子の個性」として認めていこうとする支援者の方によく出会います。また、「障害がある子の発達がわからない」という保育士もいます。

そういった人たちを見るにつけ、私がこれまで学んできた子どもの成長・発達と、障害がある子への指導のしかたについて再度提案し、今後に役立てて欲しいと願う気持ちが募ってきました。

本書は、全4章で構成しています。私の講演のスタイルと同じように、図を示しながら、それを説明していく形で進めていきます。

第1章では、そもそも「障害」とは何か、どんなふうに捉えればよいのかを、科学的視点から示します。その上で、障害の軽減・克服とは何かを考えていきます。

第2章では、「ヒトの発達」と障害児の発達課題について紹介していきます。これは、子育てや保育・教育の現場において、「子どもの育ちはどうか」ということについて、原則的かつ具体的に考えていかなければならない点だと思います。

第3章では、障害児の発達課題にとりくむ際に欠かすことができない、「生体の生活リズム」

の獲得について、詳しく展開しています。恩師河添邦俊氏が40年ほど前に提案した「障害児の1日の生活のしかた」を基に、現在の科学でわかってきていることも明らかにしながら、今の慌ただしく厳しい生活の中で大切に守り育てていかなければならないことを、提案していくことができればと思います。

第4章は、子どもは1日24時間、日々の生活の積み重ねを通して育っていくものであるからこそ、家庭との連携が必須であることを強調しています。障害児の保育・教育は、親が家庭でやるべきことではないのは周知のことですが、さりとて、保育・教育機関や障害児の支援をする事業所だけが、がんばればどうにかできるものでもありません。困難を抱えている子どもたちに対しては、家庭とより多くの大人たちが手を携えながら、その子の成長・発達に一緒に向かっていくべきなのです。

障害児に焦点を当てて紹介した『障がい児の保育と発達の原則』（２０１２年、東洋書店）の刊行から、６年が経ちました。「ぶ厚くて、持ち運ぶには重い」というご指摘がありましたが、それでも必要と言ってくださる人がいて、もう残部がないようです。

定期的に開催している私の講演会に参加してくださっている人たちの声援と期待に応えられるよう、もう少し手軽でわかりやすくしたいと思い、再び筆をとることにしました。

本書が、障害がある子の親御さんと子どもの発達を支援する人たちの、共通の理解に役立てられると幸いです。

CONTENTS
もくじ

第2章 発達論を障害児の保育や教育の中心に据えることが重要です

第1章

障害と発達の遅れを理解しましょう

H君が、お母さんに連れられて私の発達相談に来たのは6年前でした。地域の幼稚園に3歳児通園を始めたばかりの頃でした。すでに、療育センターで「自閉症スペクトラム症候群・広汎性発達障害」と診断されていました。しかし、療育センターから幼稚園へと通所する場が変わったものの、お母さんは「このまま見守っていくだけでいいのか」と疑問や不安があったようです。

その頃のH君は、しゃべってはいましたが、表情の変化に乏しく、他の子とコミュニケーションがうまくできる状態ではありませんでした。加えて、ご飯とから揚げとフライドポテトならば食べることができるけれども、食が細いうえに野菜嫌いという偏った食事内容でした。ですから、常に便秘の状態でもありました。また、手足が細く、運動不足が一目でわかる子でした。

私は、まず、朝6時に起きて朝食前に散歩をして、歩行力を高めることを提案しました。まだ

1km以上を歩かせたことがないというほど、母子共に運動に関しては意識が向いていませんでした。私が、「本当は2～3kmを20～30分で歩けるようになるのが理想なのですが、まずは、1～1・5km歩くことを目標にしましょう」と言った時、H君のお母さんは、両手を顔のそばで小さく振りながら大きな目をさらに大きくして、「エーッ！」と軽く叫びました。

そして、毎晩欠かさず、夕食後に、手押し車（大人が子どものあしを持ち、支えてやりながら、手・腕の力だけでからだを前に進めていく運動）をして、体幹と肩・腕の力を強くしていく必要もあることも付け加えました。さらに、「月に1度開催している学習会で、理論と科学を学びましょう」と言って、初回の相談を終えました。

H君のお母さんは、毎月欠かさず学習会に参加しました。そこで脳の働きとその弱さ、発達の遅れの問題や1日の生活リズム（154ページ参照）を詳しく学んでいくことになりました。それと並行して、初めの1年くらいは2カ月に1度、私の発達相談兼子どもの療育指導を続けました。

2度目にH君とお母さんに会った時、お母さんは私に駆け寄ると「先生、もう私びっくりしちゃって！　なんだかHの機嫌がよくなって」と、目を輝かせて話をしてくれました。私から見ても彼の表情はいきいきとしていて、「これなら指示を理解しやすくなっているな」と感じました。その後、相談指導のたびに、H君とは鉄棒やボール遊び、はさみの使い方などを教えながら遊び、お母さんとは生活の見直しと、運動や手の働きや認識力についての課題へのとりくみ方を確認し合いました。

　最初は、お母さんとH君の二人でしていた朝食前の散歩でしたが、しばらく経つと、お父さんも散歩に加わるようになりました。やがて、地域の普通学級に就学しました。

　そんなH君でしたが、小学3年生の夏、親子3人揃っての相談の予約が入りました。お母さんは今でも学習会に参加しているのですが、H君やお父さんと会うのは久しぶりでした。少しはにかんで挨拶をしたH君に私は、「今日はお父さんとお母さんと先生の3人が、君のことについてよいこともいやなことも話をしますが、君はこの場にいたいですか。いやだったら違う部屋で遊んでいてもいいです」と、真っ先に尋ねました。

　すると彼は、まっすぐに私の目を見て、「大丈夫です。ここにいます」と答えました。これには私も少々驚いて、ご両親の顔を見ました。親子3人はうなずき合いました。どうやらすでに何を相談するかについて、しっかりと話し合ってきたようでした。

　相談内容は、彼を幼稚園の頃から知っている親子との人間関係についてでした。「Hは障がい児で、以前はもっと重度だった。遊ばないように」と吹聴されることに対するお母さんの深い嘆きでした。彼はもう、学校の勉強も運動もクラスの中では普通以上によくできるように成長しています。けれども、それをやっかむ人や奇異の目で見る人がいるのです。強く生きることを確認し合った1日でした。

❶ 障害や発達の遅れは個性ではありません

1　障害とはなんでしょう

「障害」あるいは「障害児」ということが自分自身や自分の身近な人に差し迫った時に、疑念や違和感をもつ人はたくさんいるのではないでしょうか。また、そのことばを文字にする時にも、あえて「害」という漢字を使わずに、「障がい」とひらがなで表記する人たちも数多くいます。実際、障害は、害ではありません。

ヒトの能力を獲得しながら自由を得ていきいきと生きていくためには、困難を乗り越えていかなければなりません。「障害」とは困難のような、生きるための障壁となっているものではないかと、私は考えています。ですから、不自由を抱えている障害児・者に対して、私たちは彼らの力を最大限に引き出させながら、一緒に乗り越えていこうと努力することを、怠ってはならないと思うのです。

それには、その困難や不自由について、正しく理解していく必要があります。障壁を乗り越えていくために、どういう力が必要で、それをどうやって身につけていけばいいのかが大変重要だからです。また、「発達の遅れ」と「障害」とは異なります。

「発達の遅れ」は、ヒトの能力の獲得の遅れとその能力をうまく発揮できないために生じる不自

図1　障害とは何か

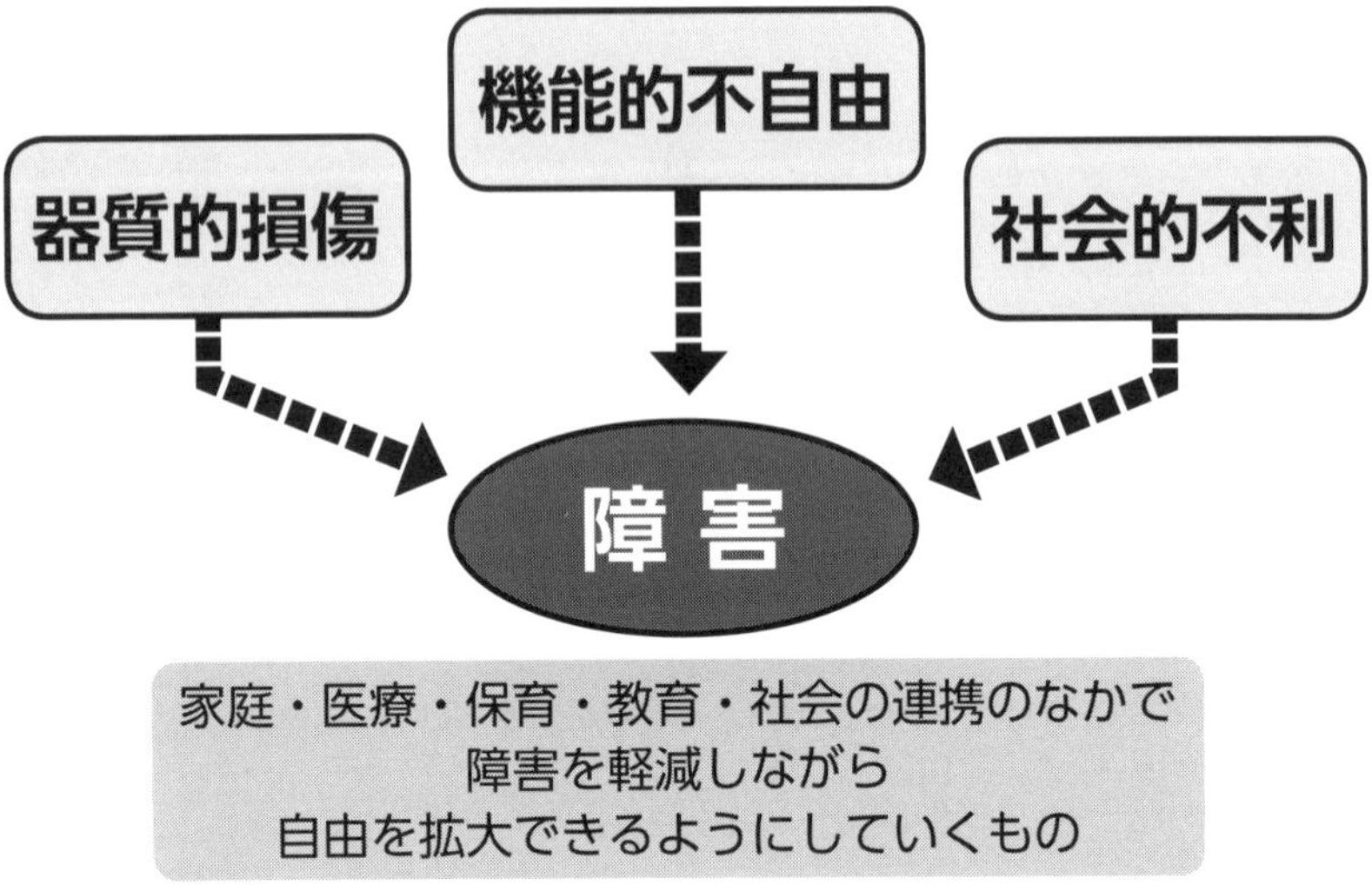
機能的不自由
器質的損傷
社会的不利
障害
家庭・医療・保育・教育・社会の連携のなかで
障害を軽減しながら
自由を拡大できるようにしていくもの

由さを言いますが、経験不足や育ちを十分に保障されなかった、不十分な環境が起因しています。

それに対して、「障害」とは、脳を含めたからだの器質的損傷とそれに伴う機能的不自由が複合的に合わさります。さらにそのことによって社会的不利が加わります。

このように器質的損傷、機能的不自由、社会的不利の三つが、継続しながら累積的に不自由を生じさせている場合を障害・不自由というのです（図1）。

障害児の多くは、胎児期からあるいは出生してからの育ちの過程で、「障害」と「発達の遅れ」が累積的相乗作用を起こし、うまく発達できずにいます。ですから、その保育・教育においては、累積・相乗的な遅れをどう食い止め、発達的変化に転換していくかが重要な鍵となります。「発達の遅れ」をとりもどしていくことによって、不自由をなくしていくことができます。不自由がなくなっていけば、障害が軽くなったり、器質的な損傷が残っていても障害とはいえない状況になったりする場合もあるのです。障害があっても生きている限り、ヒトは変化を続けていくし、どんな子どもたちも発達をしていく可能性があります。

2　脳の働きと障害

障害児の場合、脳やからだの器質的損傷や働きの未発達によって、生活（生育）年齢と運動発達、知的・精神的発達、社会性の発達などに遅れが生じるなど、さまざまなアンバランスな状態が起こりやすくなります。単なる部分的な発達の遅れだけではなく、弱さが複雑化していくと、日々の生活においても、「育ちにくさ」と「育てにくさ」の両面性が生じてきます。

障害が生じている三つの問題

障害が生じている問題を次のように整理して考えてみてはどうでしょう（図２）。

第１に、障害は、脳を含むからだの器質的損傷によって、身体の動き自体に不自由（機能的不自由）を生じさせ、運動能力の発達に遅れや弱さが出ます。

たとえば、脳性マヒなど脳神経系に問題が生じた場合、首のすわりや立ち・歩くなどの姿勢や

図2　障害が生じる本質的な問題

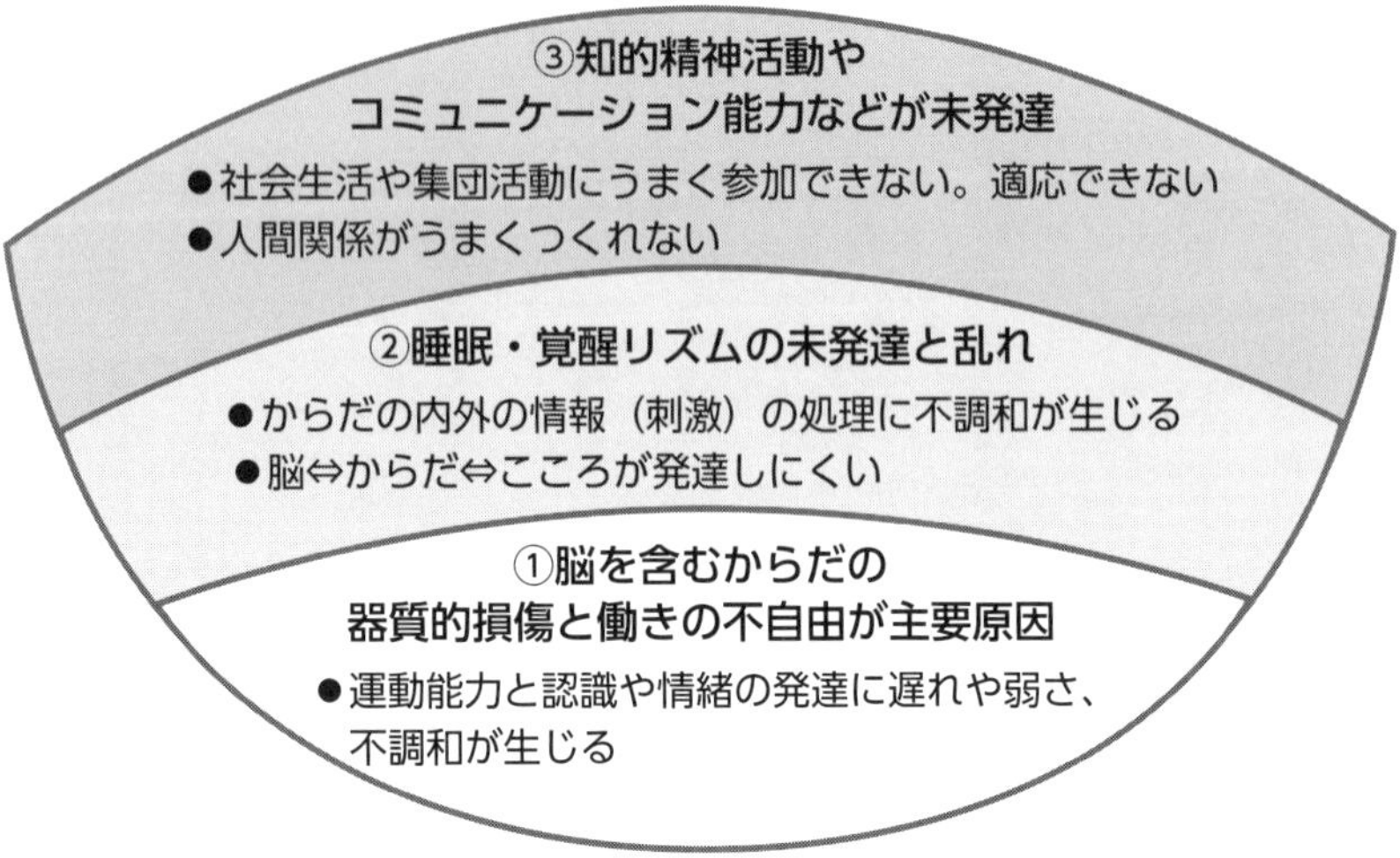
③知的精神活動や
コミュニケーション能力などが未発達
●社会生活や集団活動にうまく参加できない。適応できない
●人間関係がうまくつくれない
②睡眠・覚醒リズムの未発達と乱れ
●からだの内外の情報（刺激）の処理に不調和が生じる
●脳⇔からだ⇔こころが発達しにくい
①脳を含むからだの
器質的損傷と働きの不自由が主要原因
●運動能力と認識や情緒の発達に遅れや弱さ、
不調和が生じる

主要原因である①の問題に②③が重なり、不自由や障害が拡大していく。

移動運動などの運動発達に遅れや弱さが現われます。また、突然変異による染色体異常、代謝（酵素の働き）異常、内分泌（ホルモン）異常、奇形症候群などDNA（遺伝子＝親から子ども、細胞から細胞への情報伝達を担う物質）の働きの変化・異常によるものも含まれます。

第2に、障害がある場合の多くは、睡眠・覚醒リズムにおいて未発達と乱れが生じていて、からだの内外の刺激情報を適切に処理できない状態にあります。

毎日の睡眠と活動の繰り返しの生活の中で、発達のために必要なからだへの内的情報刺激と外的情報刺激を上手に取り込めないと、脳―からだ―こころが発達しにくいのです。日によって起きる時間や眠る時間が異なっていて、それに伴い睡眠不足で興奮していたり、イライラしていたりなど、情緒が不安定になる子どもが多く見られます。

第3に、知的精神活動やコミュニケーション能力などが未発達で、集団活動にうまく参加できない状態があります。

3歳を過ぎても発語がなかったり、発語があっても集団ではうまくコミュニケーションがとれず人間関係に苦労していたりする子どももいます。また、集団の中にいても孤独な子どももいます。

これら三つの問題が、発達を困難にしている障害の本質的問題であると捉え、重複的・相乗的不自由を拡大していかないように育て、さらには障害の軽減と克服にとりくんでいきましょう。

脳のしくみ

図3を見ながら大まかな脳のしくみと働きを把握してください。

ヒトの脳の縦の断面図に、子育てにおいて重要と思われる部位の名称とその機能を書き込んでみました。

脳は、下から脊髄・延髄・橋《きょう》・中脳の順に脳幹部から先に発達していきます。中脳の上には視床下部（間脳の一部）と呼ばれるところがあります。視床下部の下には、下垂体と呼ばれているホルモン分泌の中枢があります。また、脳の中心辺りの奥深いところに松果体《しょうかたい》があります。そして、間脳の上に大脳が位置しています。

大脳には深い溝（しわ）があり、後ろから後頭葉・側頭葉・頭頂葉・前頭葉というように大き

図3　ヒトの脳の断面図

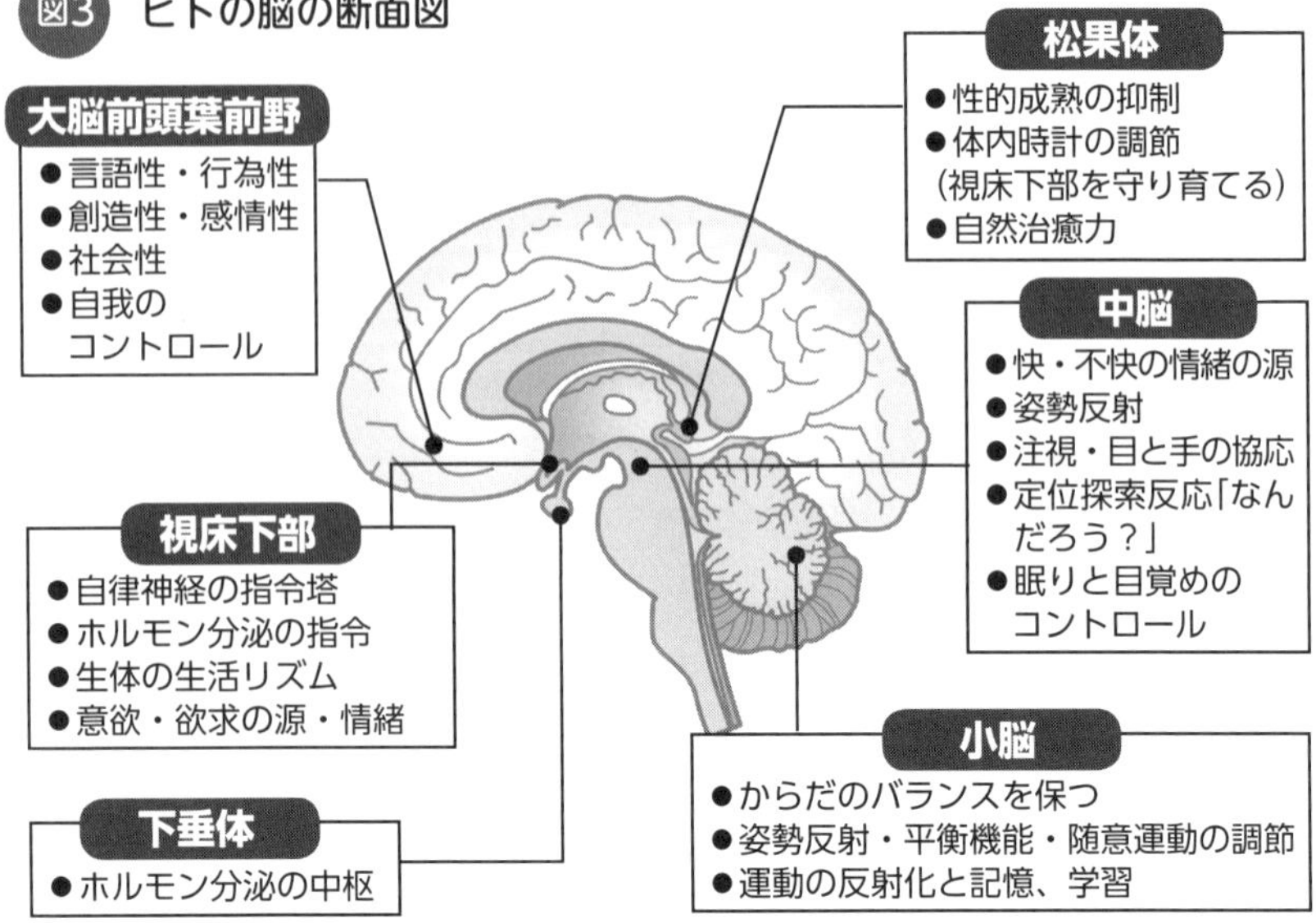

く呼び方が分かれています。その発達は、原則的に後側から前側へと、前頭葉に向かっていきます。そして、脳幹の後ろにあるのが小脳で、姿勢や運動、その記憶学習に関係しています。

脳の三つの大きな働き

一つ目は、中脳がある脳幹部と視床下部、加えて松果体で、「命を健康に守り育てる脳」です。ヒトが毎日健康でいきいきと生活していくために働いている脳で、直接的に生存にかかわっているところです。生きるための意欲・欲求の中枢・情緒の源・記憶の源・生体の生活リズム・脳の覚醒状態のコントロールを担当しています。私は、乳幼児や障害がある子どもこそ、この「命を健康に守り育てる脳」を強く育てることが、中心課題の一つであると考えています。

二つ目は、大脳の後頭葉・側頭葉・頭頂葉の

「知る働きを統合する脳」です。

視覚・聴覚・触覚・からだの各部位からの筋感覚の情報や空間認知など末梢神経からのさまざまな情報をまとめ、記憶と照らし合わせながら整理していきます。そして何度もその働きをバージョンアップしていきます。

三つ目は、前頭葉の「よりよく生きて行動するための脳」です。特に前頭葉前野は人間性（パーソナリティー）の座で、社会性・言語性・行動性・感情性・創造性などと、それらを含む自我をコントロールしていきながら、その人らしさを人格性にまで高めていくところです。この前頭葉は、成人期に最後に発達し、死ぬまで活性化していく可能性があるといわれています。私たちが幸福感を追求できるのもこのためです。またその反対に、未発達状態や老化が起きやすいともいわれている場所です。しかし、この前頭葉は、後に詳しく紹介しますが、ホルモンなどの働きを通して、特に中脳や視床下部との連携が非常に強いのです。

「命を健康に守り育てる脳」の働きを育てる三つの重要項目

第１は、中脳を中心とする「脳幹―網様体《もうようたい》（神経線維の複合ネットワーク）」の働きです。中脳は、大脳と脊髄や大脳と小脳の経路の中継の役割をしていて、網様体のある部分は「網様体賦活《ふかつ》系（ＲＡＳ）」と呼ばれています。大脳の覚醒を促す役目をしています。また反対に、不要な感覚刺激を排除するようにも働きます。これによって、私たちはさまざまな情報刺激をその場に応じて適切に選択しながら、生活や学習をし続けることができるのです。

第2は、中脳そのものの働きです。

刺激情報の出入り口である中脳によって、刺激は必要・不必要、快・不快の情緒の源ともいえる選択がなされています。そこで、「生きていくために有用性が高い・好ましい」と判断されると、感覚器官に問題がなければ、通常は、生活に必要なものとして取り入れられて、一般的にはみんな同じように聞こえたり見えたりするものです。

第3は、視床下部の働きです。

視床下部は、自律神経・情緒・意欲・欲求・体内時計・ホルモン分泌などの中枢部です。健康でいきいきとした生活を送るためには、視床下部が正しく働くことが必要で、毎日の生活習慣が大切な理由がここにあります。眠りと目覚めのコントロールと情緒に関しては、中脳と連携しながら共通した働きを担っています。さらに、快の情緒を作り出すドーパミン、ノルアドレナリン、セロトニンなどのホルモンを通して大脳の働きをもコントロールしていきます。

発達が遅れている子や障害がある子の多くは、「命を健康に守り育てる脳」の三つの働きが弱いと思われます。図4に示した、中脳と視床下部の働きの弱さの現われ方を見てください。子どもの育ちの弱さの現われ方が、見かけ上はいろいろ異なって見えがちですが、整理していくと、この二つの脳の働きの弱さが根本的な問題であることがわかります。

その働きを強くしていく鍵は、中脳にも視床下部にも共通する働きと、それらが連携し合ってさ

図4　中脳と視床下部の働きとその弱さの現われ方

中脳の働きとその弱さの現われ方	
①音に対する反応する力	聴覚に問題はないが、呼んでも振り向かない
	聴覚に敏感（耳をふさぐ）あるいは鈍感
②目で物を見つめる力	視線が合わない。合いにくい
	目と手の協応動作が下手。不器用
	手元を見ない。指さした方を見ない
③刺激に反応する力	定位探索反応＝「なんだろう？」と興味を示さない。こだわる
	注意散漫。不注意。直前のことをすぐに忘れる
	触覚、嗅覚、味覚などの刺激に対して過敏。あるいは鈍感
④運動・姿勢の力	姿勢反射が弱い（首の立ち直り反応・保護伸展反応が弱い）
	姿勢保持が困難。多動あるいは動きがにぶい
	落ち着きがない。じっとしていられない
⑤情緒に関する力	表情が暗い、無表情。ひょうひょうとした感じ。笑わない
	不機嫌でよく泣く。情緒の切り替えがうまくできない
	カーッとしやすい。すぐに怒る
⑥眠りと目覚めに関する力	睡眠のリズムが乱れやすい
	睡眠が短い、眠りすぎる
	日中ボーっとしている。あるいはちょっとしたことで興奮しすぎる

視床下部の働きとその弱さの現われ方	
①自律神経の働きに関する力	血液循環が悪い
	体温調節が悪い。低体温。汗をかかない
	排便・排尿が自律しない。水分摂取が少ない
②情緒に関する力	情緒が不安定。落ち込みやすい。あるいは興奮しやすい
	不安感が強い。ストレスを感じやすい。パニックを起こす
	笑わない。情緒に伴った声を出す働きが弱い
③本能・意欲・要求・活力	偏食。少食。過食
	人との関係や集団を好まない。やる気や意欲がない
	食欲・性欲などの本能的欲求に乏しい、もしくは過剰
④体内時計の調節に関する力	朝気持ちよく起きることができない。夜眠れない
	眠りと目覚め、食事などの生体の生活リズムが整わない
	日中の活動に意欲が出ない。疲れやすい
⑤ホルモンの分泌の指令と調整	ドーパミン・セロトニン・ノルアドレナリンなどさまざまなホルモン分泌について、不足または過剰
	脳下垂体の働きの低下

らに上位の脳に働きかけている点に着目し、毎日の生活によってよりよい方向に修正し、強く育てていくことにあります。

このように考えていくと、目覚めと眠りを中心とした生活リズムと毎日が快の情緒で満たされることが重要だとわかってきます。

3　障害は個性なのでしょうか

あなたは、自分もしくは自分の身近な人に障害があることがわかった時に、それを「個性」として受け止めることができますか。障害は、その子、その人のもつ「個性でいい」、だから「あるがままでいい」と考えられるでしょうか。仮にそう考えられるようになったとしても、そこにたどり着くまでには、それなりの葛藤と時間を要するのではないでしょうか。

実は、「障害個性論」は、１９７０年に「青い芝の会」という脳性マヒの障害児・者の親睦団体が提案したのが始まりでした。そこから生じた世論を１９９５年に総理府（現・内閣府）が「障害者白書」に発表し、政策に反映するようになったのです。それは、障害児・者に対するイメージをプラスに変えて、地域社会と共生していこうとするものでした。現在のインクルーシブ（＝障害児・者の抱えている問題を、我がこととして捉え、それを地域ぐるみで解決していこう）の考え方へと発展していく契機の一つでもありました。

図5　障害個性論と発達論

障害個性論　青い芝の会→障害者白書（1995 総理府）

- 1970 年初頭 提案 (東京の脳性マヒ親睦団体)➡総理府「障害者白書」で追認され、政策に反映
- 人それぞれの持ち味で個性として認め、それを一つの尺度で二分する必要ない➡マイナスイメージからプラスイメージへ➡障害児・者との共生社会へ➡インクルーシブ（我がごと・丸ごと・地域ごと）の考えへ発展
- 障害受容論とセットで流布

発達論と生活の科学　河添邦俊提案（1970 年代後半）

- 個性は、育ちの過程で形成され、伸ばし豊かにするもの

↕

- 障害は軽減しながら直していくもの
  個性（個人差の固定化）を身につけていく過程にも法則性がある
- 障害（C）とは、器質的損傷 (A）と機能的不自由（B）が相乗または複合し、さらに、社会的不利も加わって現われる症状…A ＋ B ＝ C　A × B ＝ C という図式が当てはまるのではないか

それに対して、河添邦俊氏は、障害児の保育・教育に「発達論と生活の科学」を主軸に据えて展開し、「障害は軽減しながら直していくことができる可能性がある」と、提案しました。そして、「個性」は、個人差の固定化であり、育ちの過程でその人らしさとして形成されていくものであり、かつ豊かに伸ばしていくことができるものであるとして、異を唱えました。加えて、「個人差」が生じていくのにも、そこには原因と結果の法則性があり、「生まれつきの個性などない」と、言いました（図５）。

私も、その考えに賛同する者の一人です。しかし、一方が正しくて、他方がまちがっているというものでもないと思います。時には両者ともに、必要な場合がある考え方だと思います。

なぜなら、胎児期、あるいは出生後から、重度の脳損傷、多発性奇形、染色体や遺伝子の異

常、難治性てんかんなど、重度の障害がある子もたくさんいます。それらを、今の医学で治すことはまだできないからです。けれども、医学も保育・教育も日々進歩しています。その進歩は今後も続いていくと期待しています。そう考えると、器質・機能的原因を理解したうえで、保育・教育の力でどの子の発達も保障していく＝「直し、自由を広げていく」という、困難に立ち向かう姿勢が大切だと思います。

4　障害児・者の社会的不利

ちょっと怪我をしたり病気になったりしただけでも、私たちは健康な時と比べると、不自由を感じます。すると、多くの人は、「これはまずい。早く治そう」と思って、治療のために病院へ通うことになります。しかし障害は、医療的な治療が困難なからだ（脳を含む）の器質的損傷と機能不全が、続いている状態です。ですから、本人やその身近にいる人が自覚している、していないにかかわらず、生活に大変な困難とストレスがかかり、かつそれに負けないように生きていくための努力を強いられていることは、容易に想像がつくでしょう。

障害の有無は、個人が選択した結果として得たものではありません。誰だって障害がない方がいいに決まっています。それなのに、「個性であるので、あるがまま受け止めて、地域社会で共に生きていこう」という、なんとも聞こえのよさそうなことばが、世に出回っています。そこに、障害児・者の個人の真の要求や尊厳は反映されているのでしょうか。もしかしたら、その身近にいる人たちが、少しだけホッとできるだけなのかもしれません。それすら必要なほど、障害には困難と不自由があるということなのです。

それとは違うけれども非常に近いところにあるのが、経済的貧困と教育的貧困と福祉的貧困だと思います。障害児・者は、現在のような格差社会においては特に、経済的保障や教育を受ける権利の保障、社会保障について、そのどれをとっても社会的弱者になりやすいのです。

図6には、ここ数年の間によく出会うケースを載せました。

「わが子の障害を少しでも軽くしたい」とか「自分も元気になって、今の生活をもっとよくしたい」と思っていても、個人の力では簡単にはうまくいかないケースが、あちらこちらにあふれています。それでもなお、「障害個性論」と「個人と地域の共生論」が主流となってしまうのでしょうか。

そこには、「弱者には金をかけてもしょうがない。金のかかることはやらない」とでもいうような、わが国の貧しい政策が見えてきます。マイナスのスパイラルを断ち切りましょう。子どもは、どの子も未来を担う大事な宝です。困難を抱えた子どもの発達保障は、ヒトの英知を結集し希望の未来へとつなげていくという壮大なロマンなのです。

図6　障害児・者の困難

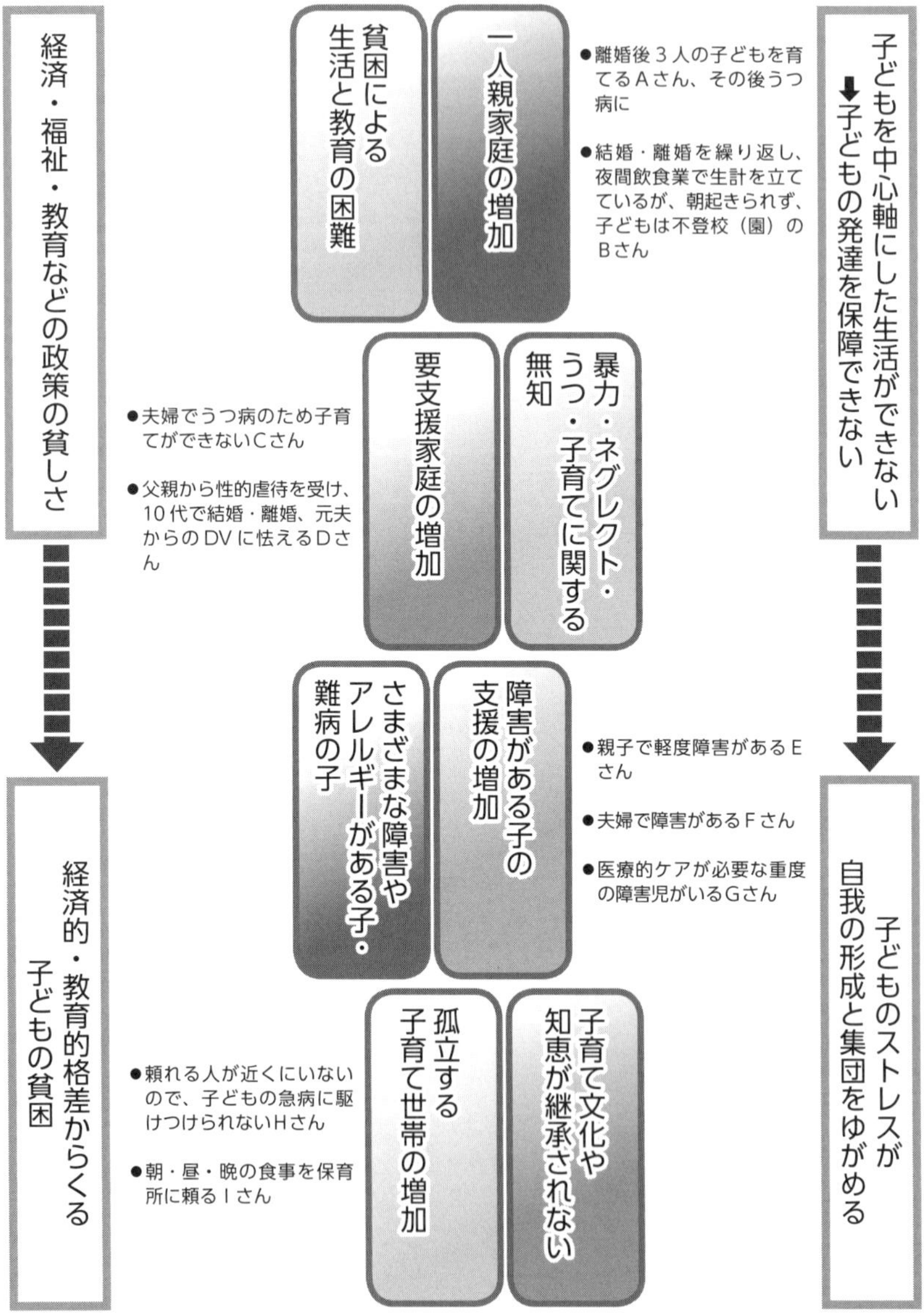
子どもを中心軸にした生活ができない
➡子どもの発達を保障できない
●離婚後３人の子どもを育てるＡさん、その後うつ病に
●結婚・離婚を繰り返し、夜間飲食業で生計を立てているが、朝起きられず、子どもは不登校（園）のＢさん
一人親家庭の増加
貧困による生活と教育の困難
経済・福祉・教育などの政策の貧しさ
暴力・ネグレクト・うつ・子育てに関する無知
要支援家庭の増加
●夫婦でうつ病のため子育てができないＣさん
●父親から性的虐待を受け、10代で結婚・離婚、元夫からのDVに怯えるＤさん
●親子で軽度障害があるＥさん
●夫婦で障害があるＦさん
●医療的ケアが必要な重度の障害児がいるＧさん
障害がある子の支援の増加
さまざまな障害やアレルギーがある子・難病の子
子どものストレスが自我の形成と集団をゆがめる
子育て文化や知恵が継承されない
孤立する子育て世帯の増加
●頼れる人が近くにいないので、子どもの急病に駆けつけられないＨさん
●朝・昼・晩の食事を保育所に頼るＩさん
経済的・教育的格差からくる子どもの貧困

2 嘆き悲しんだり、哀れんだりするよりも、不自由軽減のためにとりくんでください

1　発達相談のなかで思うこと

私は長年、障害や発達に遅れがある子の発達相談をしています。その内容は、「子どもの発達について心配なところがあるので一度見て欲しい」とか、たとえば「ダウン症」あるいは「自閉症スペクトラム」などと診断されたが、「今後どのように育てていったらいいのかわからないので教えて欲しい」といった要望に応えていくものです。

そのなかで、「相談は初めてです」という方はとても少なく、私のところに来る以前に、すでに医療機関や療育センターなどで何らかの助言や今後の見通しなどについて相談した経験がある親御さんがとても多いです。そこでは納得がいかなかったり、「もっと効果的なことはないのか」と子どもの発達を求めていたりするのです。もうすでに大変な苦労や葛藤を経験し、それでも私のところに相談に来てくださるその勇気と熱意には、頭が下がる思いです。

初回の相談の時には、「この人はどんなことを言うのだろう」と、構えている人もいれば、お試しの感覚で「とりあえず相談してみよう」という人もいます。私は、まず、今さし当たって困っ

図7　発達相談に見られる3つのパターン

はじめまして	お久しぶりです	次の課題は
①今困っていることはなんですか？	①今困っていることはなんですか？	①前回から変化したと感じる点と今困っていることはなんですか？
②生育歴を教えてください	②前回から何をどんなふうにとりくみましたか	②何をどんなふうにとりくんでいますか？
③問題の原因を説明します	③子どもの変化は、見られますが…	③子どもの発達的変化は、こんなところに見られます
④生活のしかたととりくみ課題を説明します	④もう一度、生活のしかたととりくみ課題を説明します	④次のとりくみ課題について説明します

ていることや心配な点と生育歴を聞き取っていきます。話を聞きながら、同時に子どもの様子を観察します。そして、おもむろに、その子の障害とそれに関連する脳の働きについて話し、その後、発達を促していくために必要な1日の生活のしかたと運動課題などを提案します。

三つの相談のパターン

一つ目のパターンは、初回の相談のみで終わってしまう場合です。

二つ目のパターンは、半年から1年に一度の割合で、やはり緊張した感じで、伏し目がちに「お久しぶりです」と言いながら相談室を訪れる場合です。月日が経っていますから、その子なりの成長が見られますが、発達の質的変化や脳の働きに大きな変化は見られません。

三つ目のパターンは、毎月、あるいは2～3

カ月毎に定期的に相談に来る場合です。その親御さんの表情は、「うちの子、変わりました！」と言わんばかりにいきいきしています。私も少し見ただけで発達的変化がわかり、共に喜び、つぎの課題を提案します（図７）。

2　正しく認識し、今なすべきことを理解しましょう

たとえば、知的障害、運動発達の障害、学習障害、自閉症スペクトラム障害などは、それ自体が原因のように診断されている場合があります。しかしそれらは、厳密には、脳の働きがうまく育っていっていないという症状です。それは、胎児期や出生時の突然のトラブルやその後の育ちの弱さなどによって、脳とからだの働きが未発達な状態でいることから生じているのです。医療が進んできている現在、問題となっている症状を緩和・改善させるために外科的手術や薬物療法などが有効な場合があります。しかしその場合にも、脳やからだの未発達からくる育ちの遅れには、毎日の生活における子育て、保育・教育を通したアプローチが、とても大切になります。

ですから、「子どもを発達させたい」と願っていても、通院して病気を治すようにはいきません。他力本願ではダメだということをしっかり肝に銘じて、まず親御さんも障害と向かい合って欲しいと思います。「そんなことを言ったって、生活を変えていくことが可能とは限らないし、誰もがそんなに強いわけではない」という声が聞こえてきます。しかし、ぜひとも、力を合わせながが

図8 障害を軽減する本質的な課題にとりくむ

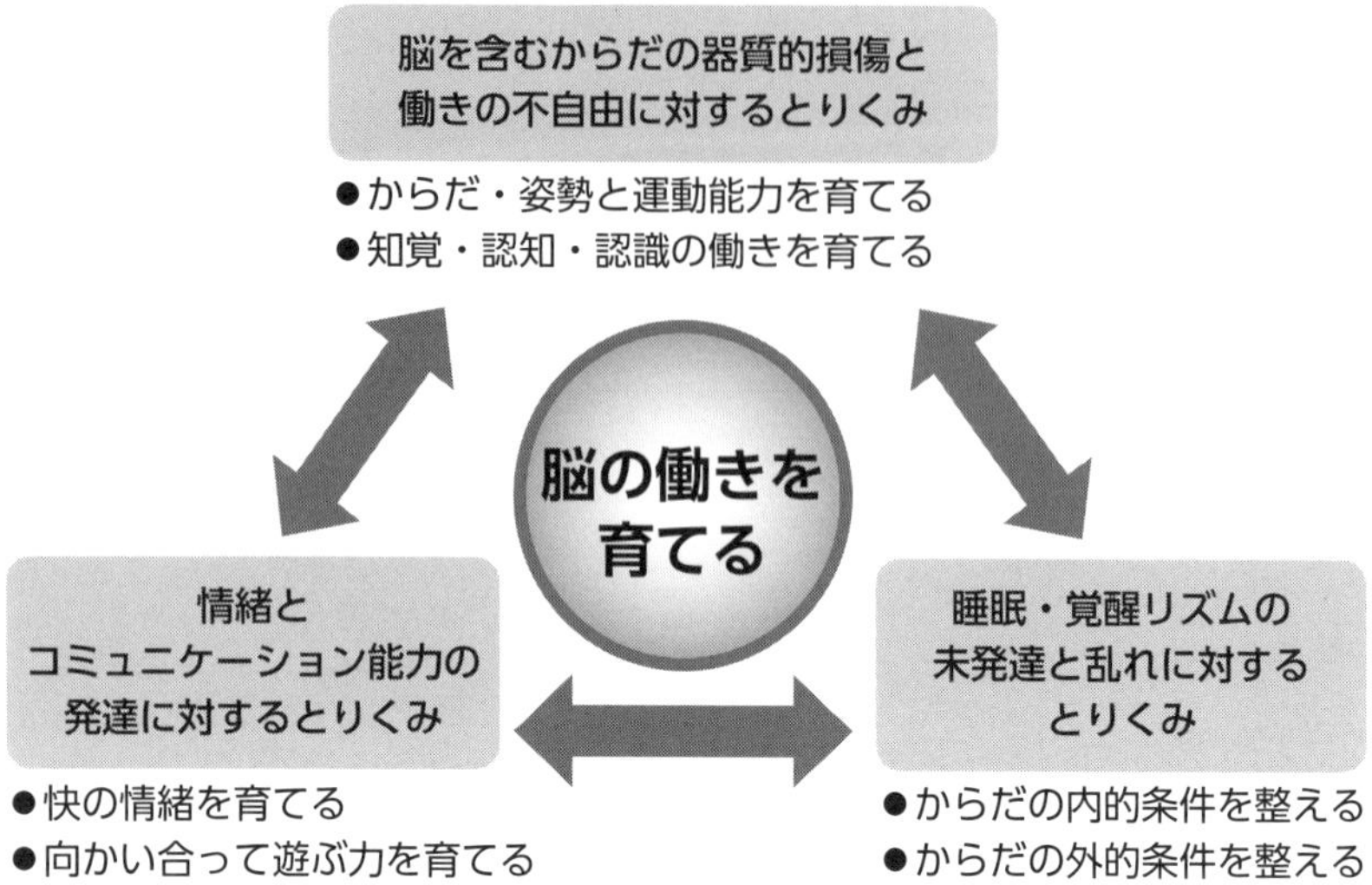
脳を含むからだの器質的損傷と
働きの不自由に対するとりくみ
●からだ・姿勢と運動能力を育てる
●知覚・認知・認識の働きを育てる
脳の働きを育てる
情緒と
コミュニケーション能力の
発達に対するとりくみ
●快の情緒を育てる
●向かい合って遊ぶ力を育てる
睡眠・覚醒リズムの
未発達と乱れに対する
とりくみ
●からだの内的条件を整える
●からだの外的条件を整える

ら困難を乗り切っていこうとする方向に、舵を切って欲しいのです。

脳を含むからだの器質的損傷と働きの不自由に対するとりくみは、「動きが形をつくり、動きと形が能力をつくる」という極めて重要な考え（次項参照）に基づいて、からだ・姿勢と運動能力を育てながらそれに伴う知覚・認知・認識の働きを育てていきます。その子の「現在の運動（からだ・姿勢も含む）課題は何か」を捉えていくことが第1に重要です。

そのためには、まず、睡眠・覚醒リズムの未発達と乱れに対するとりくみが必要になってきます。これによって、1日24時間を通して、刺激を正しく取り込み、蓄積していくための、からだの内的条件（ホルモンなどの内分泌系の働きと代謝の働き）と外的条件（適切な活動による刺激）を整えていくことができます。すると、情緒とコミュニケーション能力の発達に対するとりくみがしやすくなります。情緒は脳とホルモンが生み出すものですから、快の情緒で向かい合って遊ぶ力を育てるようにします。するとやがて、運動や認識課題にもとりくめるようになっていきます（図８）。

3　どの子にも発達要求があります

どの子にも、発達要求があります。特に、障害が重いと、脳やからだの働きがとても弱いために、それをまだうまく表わすことができず、他からは見えにくいかもしれません。また、その動きや行動としての現われ方が、他とは違っていたり適切ではなかったりするかもしれません。けれども、どんな子も生きている限り、今できることをしながら、「今よりももっと」と力を獲得しようとしているのです。

いずれにしても、子どもの発達要求が引き金となって、「動き（広い意味での運動をさし、姿勢・手の働き・発声・ことばなど微細な運動も含む）」に変化が生じます。最初は偶発的であっても、それに優位性や必要性を感じたならば、その動きは何度も繰り返されます。その結果、その動きがその子の行動の現われ（形態）となっていきます。何度も繰り返すうちに、それを脳は記憶して、生きていくのに有用性の高い「今できること＝能力」となります。

その際、能力として身についていくには、他者との快の情緒の交流が必要だと思います。快の

図9　動きが形をつくり、動きと形が能力をつくる

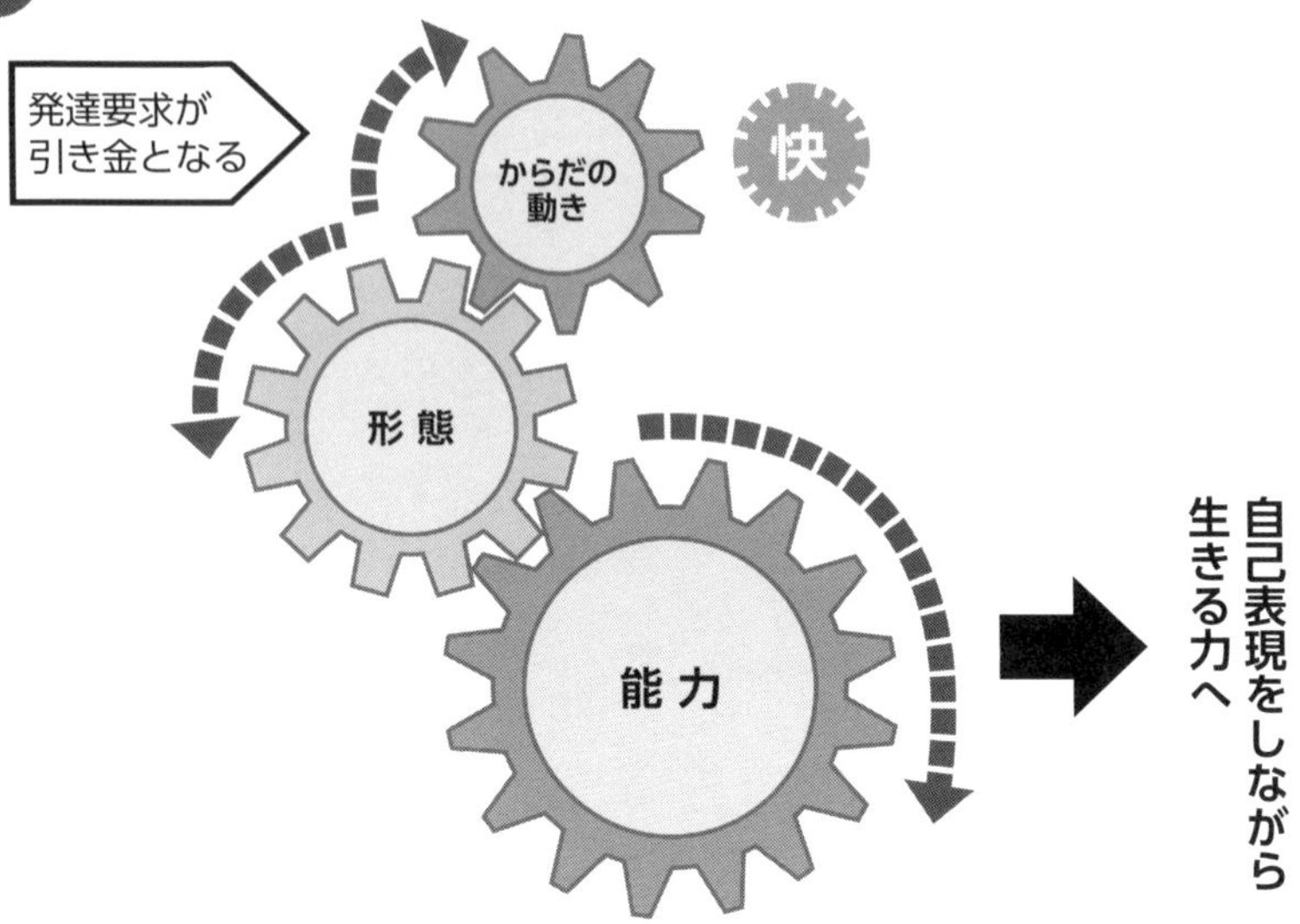

情緒の喚起によって、能力は「より早く、より効率的に、より正確に」と拡大していきます。その十分な力は、新たな試みをしようとする余裕を与えます。すると、快の報酬を得ようと、今ある力を土台としながら、またつぎの動きにつなげていくのです。このように、「動き」と「形」と「能力」の関係を捉えると、可能な限り発達を保障していくことができることを理解していただけるのではないでしょうか（図9）。

脳の働きを育てていくとりくみ（156ページ図62）を根気強く続けていくと、「うちの子、変わりました！」というように、発達的な変化が現われ始めます。発達的な変化を繰り返していくうちに、発達の遅れが少なくなっていくケースがたくさんあります。

相談や家庭訪問指導、児童発達支援・放課後デイサービスなどで、数え切れないほどの子ど

もと、その家庭の支援をしてきました。そのなかには、前述の相談のパターンにあるように、残念に思うケースが多いと言えます。しかし一方で、現在30～40代になっている私のかつての教え子たちが、今でも障害を軽減しながら、自己表現の可能性を追求しているのも事実です。

3 どの子もいきいきと生活していく権利と、発達的変化をしていく可能性があります

1　障害児支援の現状とこれからのあり方

障害がある子の保育・教育・支援に携わることになった時、あなたなら、まず何をしますか。

障害児について、「私には経験がないので、わかりません」では、通用しませんから、きっと「勉強しよう！」と思うに違いないと思います。また、担当する子を目の前にして、「私は、あなたのことを何も知らないから、テキトーに接するよ」などと言う人もいないだろうと思います。

大半の人は、「この子を支援したい」と思って、仕事に就いているのでしょう。けれども、子どもを支援するということは、すなわち発達を促すことを支援することですから、それなりの志や専門性が必要なことは、言うまでもありません。

図10 障害児通所支援の現状

2012年　児童福祉法改正による障害児施設・事業の一元化

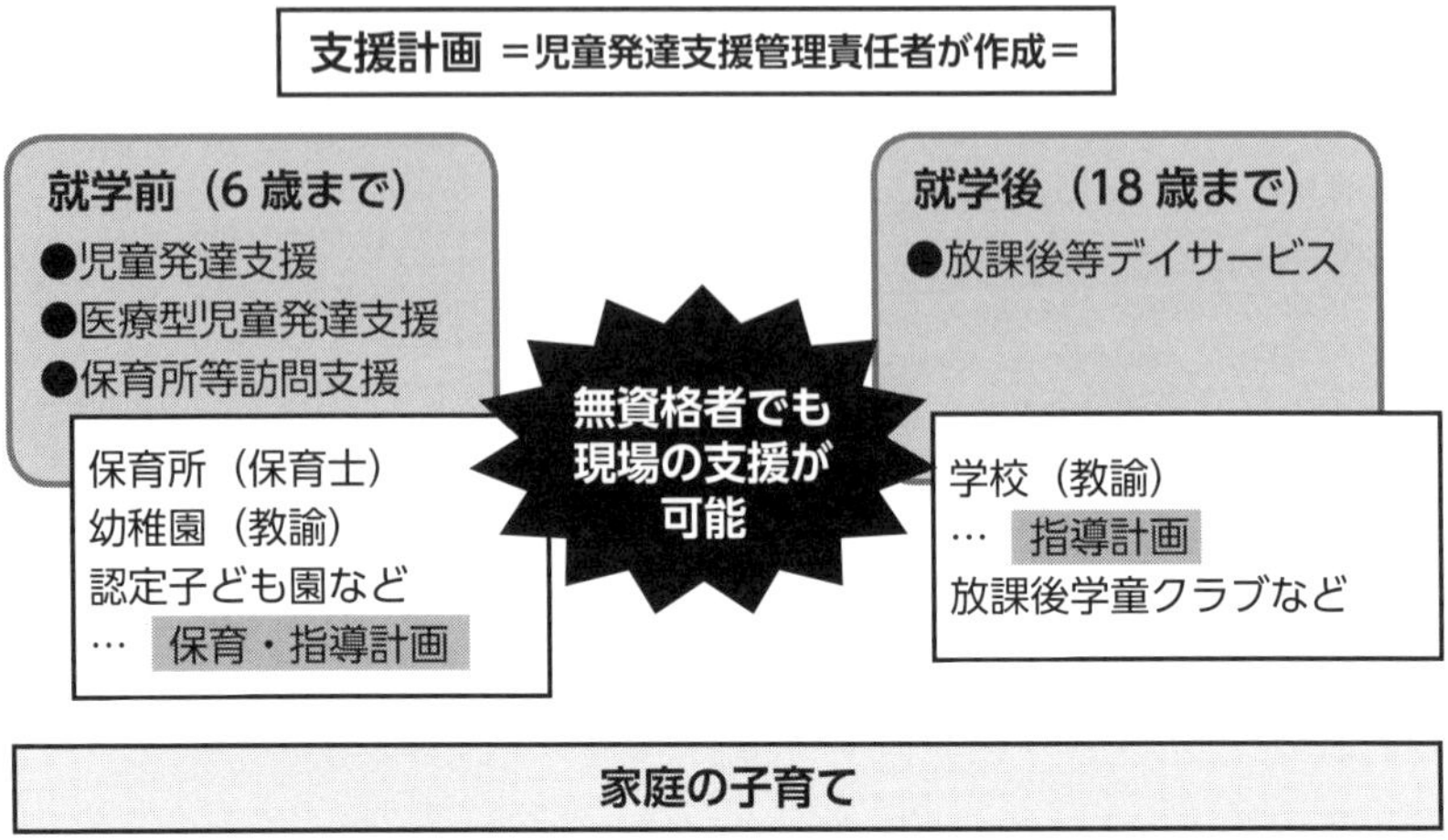

ところが、近年、障害児の増加に伴い、認可保育所の障害児の受け入れが努力義務とされ、一方では、障害児支援も民営化・地域の事業所に委託されるようになってきました。すると、このような保育や障害児の福祉の分野にも、企業参入が目立つようになりました。特に都市部では、事業所の乱立と、慢性的な人手不足が深刻な問題になっています。医療や教育の分野でも、人手不足と、そこで働く人たちの過酷な労働条件は変わらず、深刻化しています。

また、子どもの「支援計画」は、保育所では保育士が、児童発達支援事業や放課後等デイサービス事業は児童発達支援管理責任者が、作成するようになりました。しかし、現場の子どもの指導は、保育や指導員などの資格がなくても誰でも従事できることになっています。そうなると、「安全を確保して預かればいい」という安易で、安あがりの方向に流れてしまいがちです。これでは家庭との連携も発達保障もできません。残念ですが、これが、今の日本の障害児がおかれている現状です（図10）。

では、利用者である家庭にも目を向けてみましょう。わが子に障害があり、それを軽減するためには何をすべきかについて理解するまでに時間がかかる方もいますが、みなさん「少しでも障害を軽くしたい」と思っているのではないでしょうか。またそう思い、「気になっていても、子どもと過ごす時間がない」とあきらめざるを得ないほど、生活に苦労している家庭があるのが事実です。

改めて、専門性とは何でしょう。

障害児の保育・教育に、発達の理論と生活の科学という視点をもつことです。

発達論というのは、国や人種が違っていてもヒトの場合は、障害や特異な環境におかれたことなどがない限り、通常はどの子も同じような時期に同じような能力を獲得していくというものです。たとえば、おおむね3～4カ月頃には首がすわり、その後寝返りやハイハイができるようになり、1歳半頃には独力で立って歩けるようになる。その頃には、親の使用言語を理解し、片言を話し始め、やがて3歳頃になるとコミュニケーション能力が高まってくるなどというものです。実践や臨床結果から、その法則性が理論化されているのですから、発達論自体が科学です。したがって、子どもの発達を保障していこうとするならば、発達の理論を学び、そのうえで一人ひとりの発達課題を捉え、実践していく必要があります。

図11 障害児は家庭との連携があって育つ

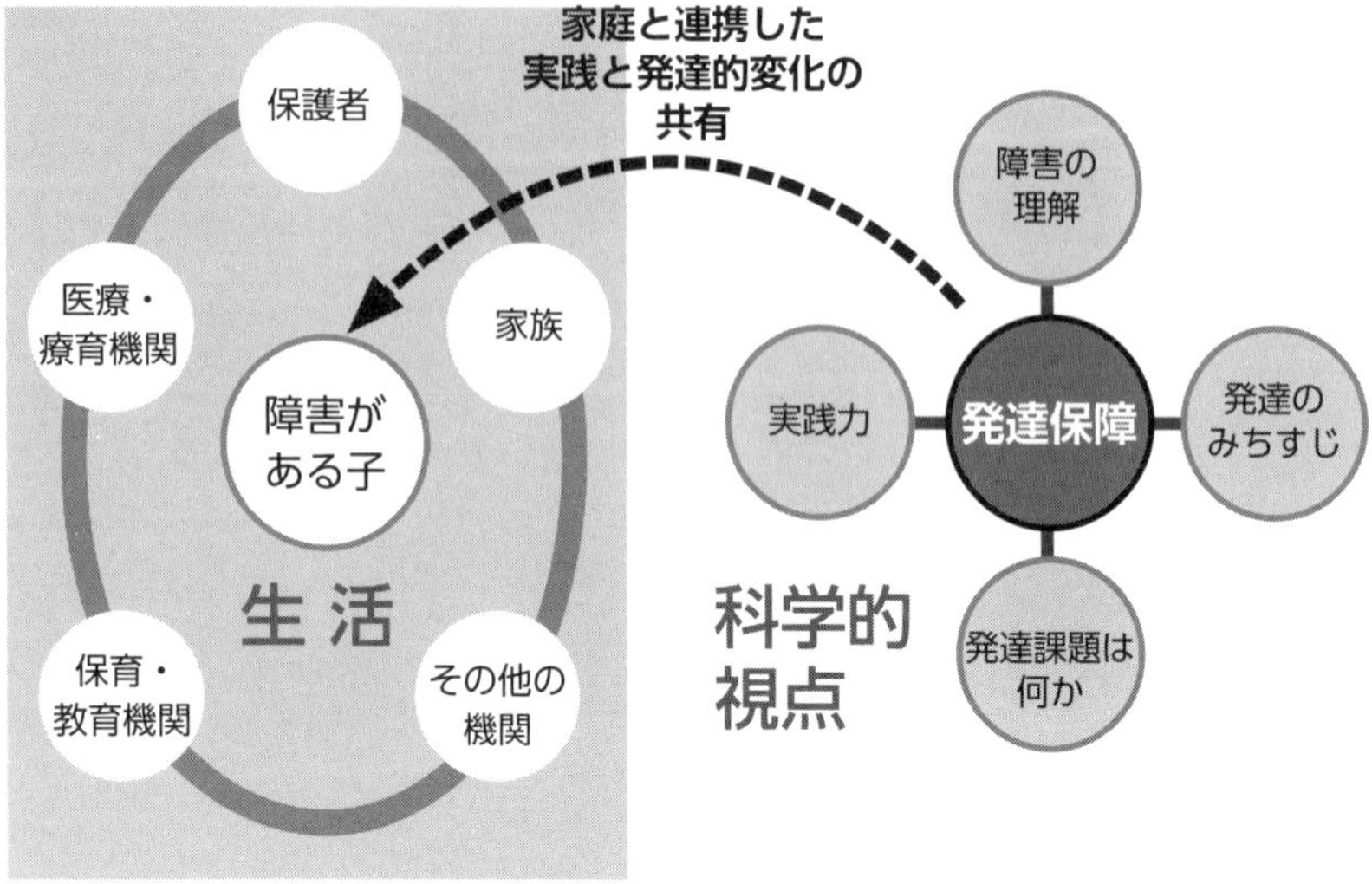

そして、その発達を支えているのが毎日の生活です。子どもは、1日24時間の生活の積み重ねのなかで育っていく、という考え方に立つことが大変重要です。生理学的に言うと、生命活動は、日々刻々と代謝を繰り返している、変化の連続にあるということです（第3章で詳述）。

実際、夜の眠りは単なる脳の休息ではなく、脳とからだを守り育てていく大切な活動であることがわかっています。起きて活動している間に経験したことを記憶していく、物理的な補充・補完作業は、夜の睡眠中の活動なのです。日中どんな活動をするのかも重要ですが、どんな睡眠をとるのかも、それと同じくらい大切なのです。特に、脳やからだに損傷と働きの弱さがある障害児の育ちには、昼と夜の活動（睡眠）をどのように保障していくのかが、発達を考える時に大事な観点となります。

このように考えると、おのずと家庭との連携が必要であることがわかります。子どもをどう理解し、その子の発達のためにどう課題を共有するのかが重要なことは言うまでもありません。それに加えて、家庭ではどんな過ごし方をしているのか、生活のしかたも含めて、見直していく必要があります。

つまり、夜はしっかり寝て、朝には気持ちよく起きることができているのか、朝ごはんをおいしく食べているのかどうかなども、保護者と一緒に考えていきたい点です。だから、指導・支援する側だけでなく保護者も一緒に生活と発達の科学を学び、実践から子どもの発達的変化を喜び合って欲しいと思います（図11）。

2　いきいきと自分を表現している人たち

近年、障害児・者に対して発達の「特性」、あるいは、「発達障害は先天的な脳の特性であるため……」などという表現をする人たちが増えています。私は、この表現にも少し違和感を覚えます。特性とは、「そのものだけが持つ性質。特有のすぐれた性質、能力。特質」と辞書には記述がありますが、何か、もうある一定の枠組みの中に入れられてしまっているような気がしてならないのです。

私も、きちんと使い分けができているかどうかわかりませんが、障害を、「特性＝そのものだけがもっている性質や能力」や、「個性＝個人あるいは個々の事物において、それを特徴づけ、他と区別するような性質。性格」だと言い換えられると、妙な気がするのです。

あるがままの状態を受け入れ、そこに少し工夫を加えながら、障害を活かしていけばいいのではないかというように考えれば、本人や親御さんの気持ちが楽になるのでしょうか。言い過ぎかもしれませんが、そう考えると楽になるのは、支援者の方だけなのではないのでしょうか。

大切なことはまず、私たちは、障害児の発達の権利と、障害者がいきいきと自分を発揮しながら生活していく権利を保障していく社会をつくっていくために、全力を尽くすという前提に立つことです。それは、人間の教育は誕生とともに始まり、一生涯を通して人格を形成しながら社会の一員として生きていくという人間の発達の原則と幸福権の追求の考えに基づくものです。

後ほどふれますが、具体的には、ヒトの特徴となる能力を獲得できるように、まず向かい合って笑顔を交換し合い人間関係を築くことに始まり、その生活は、ヒトとしての「生体の生活リズム」に合致することが望まれます。朝から気持ちよく起きて、日中は意欲的な活動・運動をしやすくします。その繰り返しが、自分の得意なものや好きなことを見つけ、それを磨いていく力となります。それはやがて、その子・その人らしさ＝人格性の基盤となる精神力の育ちへとつながっていきます。誰もがいきいきと自分を表現しながら生活していくことができる社会の実現とは、このようなことではないでしょうか（図12）。

図12　いきいきと自分を表現する人格性（その人らしさ＝個性）の発揮

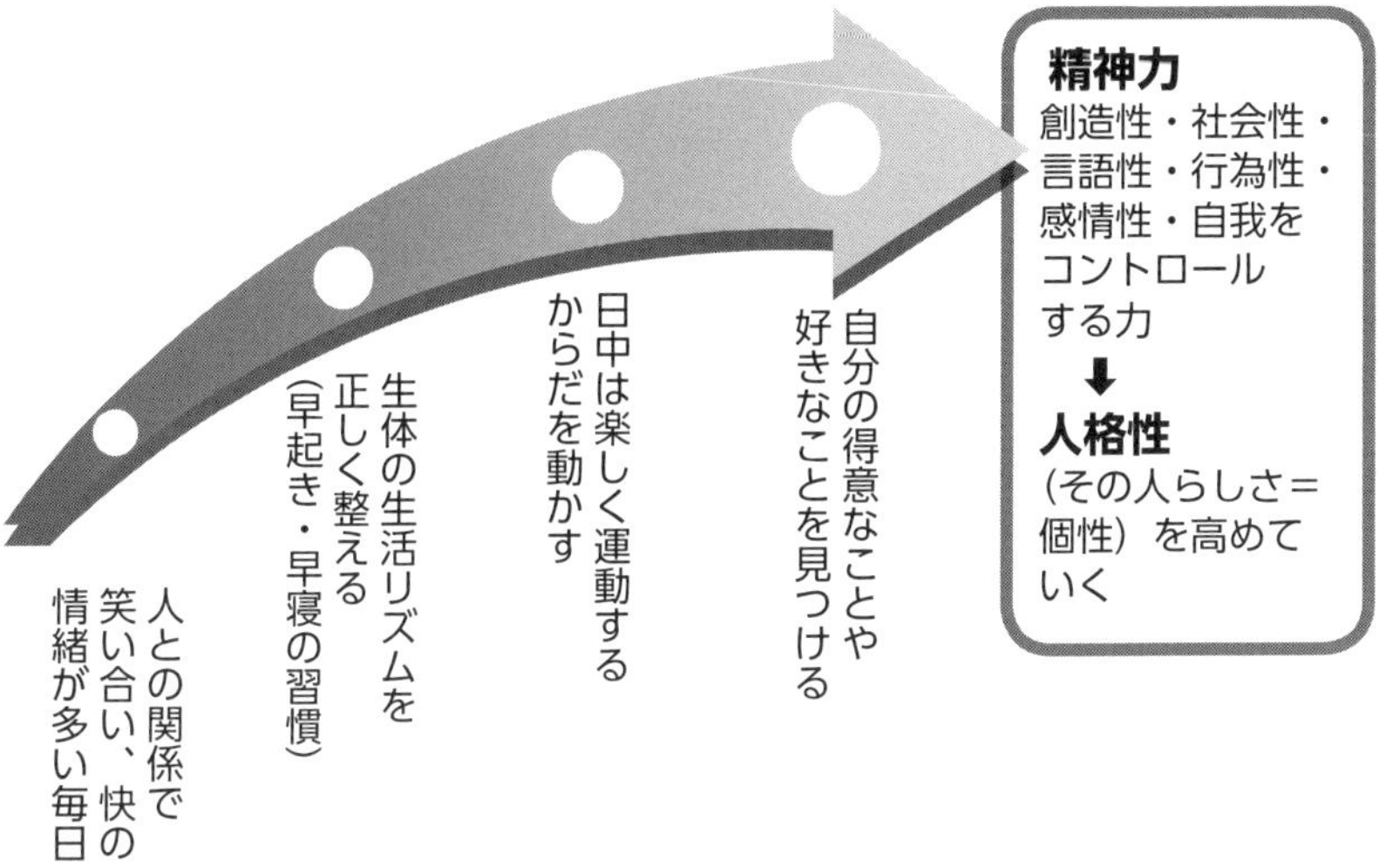
人との関係で笑い合い、快の情緒が多い毎日
生体の生活リズムを正しく整える（早起き・早寝の習慣）
日中は楽しく運動するからだを動かす
自分の得意なことや好きなことを見つける
精神力
創造性・社会性・言語性・行為性・感情性・自我をコントロールする力
人格性
（その人らしさ＝個性）を高めていく

3　障害と向かい合いながら生きていくこと

私が、障害児保育・教育に長い間携われているのは、「障害を少しでも軽減し、克服したい」と強い思いで挑んでいった家族、彼ら（彼女ら）と出会っているからです。その経緯と姿は、また新たな障害児・者と支援する周囲の人たちに希望を与えています。もちろん、うまくいったケースばかりではありません。けれどもここでは、あえてすばらしいと思えるケースを紹介します。

35年ほど前、当時4歳で「自閉症」と診断されていたA君は、発語がありませんでした。しかし、笑顔で遊べるようになった2年後には対話力が育ちました。文字の読み書きもするようになり、小学校の通常学級に入学し、中学・高

図13 向かい合いながら生きていく

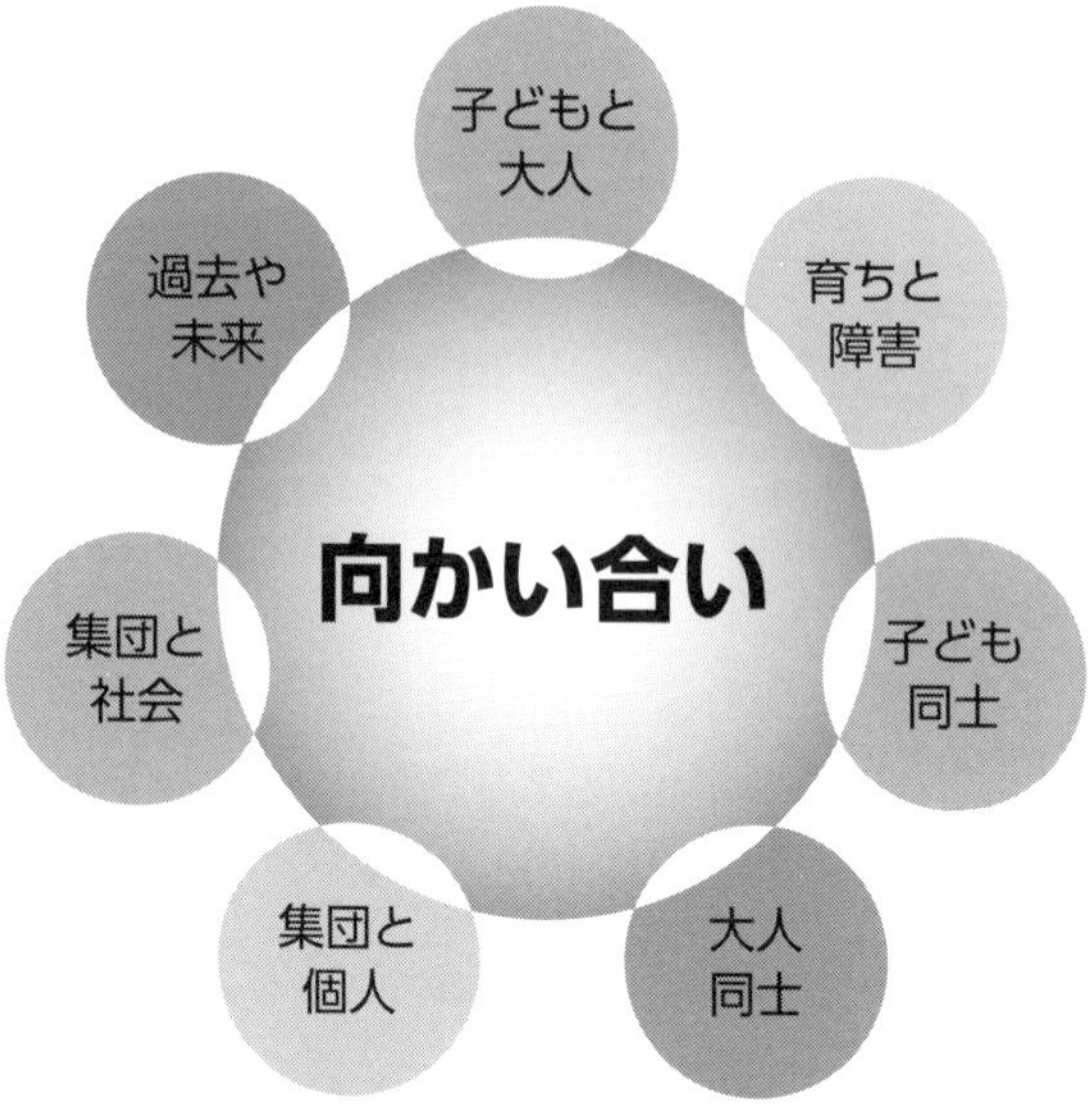

校へと進学していきました。今はお会いする機会もなくなりましたが、連絡がないのは無事な証拠と思っています。

A君に出会った翌年、3歳のB君に出会いました。彼は、1歳前に点頭てんかんの発作が起きてしまい、軽度の片マヒと知的障害が残ってしまいました。左ひじと手首を軽くからだの内側に曲げ、左足を引きずりながらぴょこぴょこと、走り回っていました。笑顔がとてもかわいらしい子でしたが、一方で興奮しやすく、意味のある単語ともジャルゴン（宇宙語）とも言えない発声とキャーッと奇声を発していましたし、多動でした。

私のアドバイスを受け、毎朝父子で階段や坂道など変化に富んだ道を散歩し、よく親子で遊ぶことを心がけました。彼も小・中学校の通常学級に在籍後、定時制の高校へ進学し、現在は空港で働いています。てんかんは薬によって調節されやがて脳波異常もなくなり、小学校高学年で投薬を止めました。片マヒもリハビリと運動によって軽減され、目立たなくなりました。

また、早期発見・早期療育の賜物のようなケースにも出会いました。

Cさんは、生後1カ月くらいで脳性マヒが疑われましたが、リハビリの成果でマヒの症状は消えました。ことばの発達も遅れていましたがそれも克服し、彼女は現在、2児の母で医師をしています。これらは、ほんの一例に過ぎません。

これから第2～4章で詳しく説明していくような内容を、私たちと一緒に学び合い、見事に実践していきながら、障害が重い軽いにかかわらず、乗り越えている教え子たちがたくさんいます。

家族の力は偉大です。だから、私は常に子どもの発達に希望をもって話ができるのです。真剣に障害と向かい合い、子どもと家族と共に実践していったならば、道は開けてくるのではないでしょうか（図13）。

第2章 発達論を障害児の保育や教育の中心に据えることが重要です

私たちは、子どもに障害があるとわかっていても「発達をさせたい」し、「その方法が何かないか」と考えます。また、不自由があるとしたら、「少しでもそれを軽減したい」と願うのが人間ではないでしょうか。それは、親や保育・教育関係者だけでなく、障害がある子の願いであることは言うまでもありません。その願いは、誰もあきらめられないし、また、あきらめさせることもできないでしょう。

そうした当たり前の願いを実現するために、人間の権利の保障として、障害児保育・教育は、長い歴史を経て発展してきました。そのなかで障害や発達の遅れがある子どもたちも、そうでないどの子の発達も保障するために、親とそれを支援する人たちや保育・教育の関係者が共に、行政へ働きかける運動をしてきました。

また一方では、一人ひとりの育ちの遅れや弱さと働きの不自由を、積極的に軽減・克服していく方法を考えて実践していくという、現場の研究も続いてきました。今もその努力は続けられていますが、実に根気が要る地道な積み重ねです。しかしそれは、可能性を追求していく大変重要かつ人間らしさにあふれたすばらしいとりくみだと思います。そして、その継続が力となって、社会のしくみや価値観を変えていく力をもつのだろうと思います。このように私は、障害児保育・教育を、人間のあるべき姿を問い続けるものとして位置づけています。

しかしそれには、子どもや大人同士、過去と未来などに向かい合い、共に生きる一人の人間として謙虚に学び合う姿勢と高い専門性が必要だと思います。保育・教育の現場でたくさんの障害児をみてきた人たちならば、よくおわかりのことだと思いますが、誰一人として同じ障害の子どもはいません。医療や臨床や教育の分野で、それぞれに同じ診断名がついていても、現われてくる症状とその程度は千差万別です。

子ども一人ひとりと向かい合って観察しながら発達課題にとりくんでみて、その結果をその都度評価し、次にどうするのかを考えるというやり方が一番確かで、それには試行錯誤がつきものだと思います。そのなかで優れた実践と研究は生まれていきます。こうした過程で専門性が高められていくのではないでしょうか。

とは言うものの、「発達課題が何か」と、その「発達のみちすじ」ついては、正しく理解していくことは最低限必要です。それが本章でこれから紹介する「ヒトの特徴的能力」です。私たちは、何千万年という長い進化の過程を経て、特に優れた能力を獲得してきた、他でもないヒトの子を育てています。子どもがヒトの特徴的な能力を獲得しながら大人になっていくという発達のみちすじは、障害があっても同じだという原則に立って、育ちを考えていく必要があります。

その原則から大きく外れるような生活のしかたや指導は、かえって、育ちにゆがみを生じさせてしまうことにもなりかねないと、警鐘を鳴らしていく必要があると思います。それを象徴するものが、夜型化社会とＩＴ化社会ではないでしょうか。大人の「生体の生活リズム」の乱れと、相手と向かい合い、目線を合わせながら直接やり取りをするコミュニケーションの不足と希薄化は、幼く、弱い存在である子どもたちの育ちに、その弊害として一番に影響を及ぼしています。

たとえば、遅寝の弊害については、肥満や情緒の安定に影響が出るなど、さまざまな研究がされています。また、子どもとメディアの問題に対し、日本小児科医会もテレビ、ビデオの長時間視聴がことばの発達などに影響しているとの報告を出しています。またその背景には、テレビ視聴などに規制をしない社会と保護者の意識の問題があるようです。それはテレビ業界の視聴率第一主義とテレビがある生活が当たり前になっている親世代の生活スタイルからもうかがい知ることができます。このように、「生体のリズム」や情緒、さらにはことばの発達については、なぜテレビ・ゲーム・ＰＣ・スマホなどの使用に制限が必要なのかを保護者と一緒に考えていくことが重要だと思います。

図14　ヒトの特徴的な能力獲得（＝発達）を一人ひとりに保障する

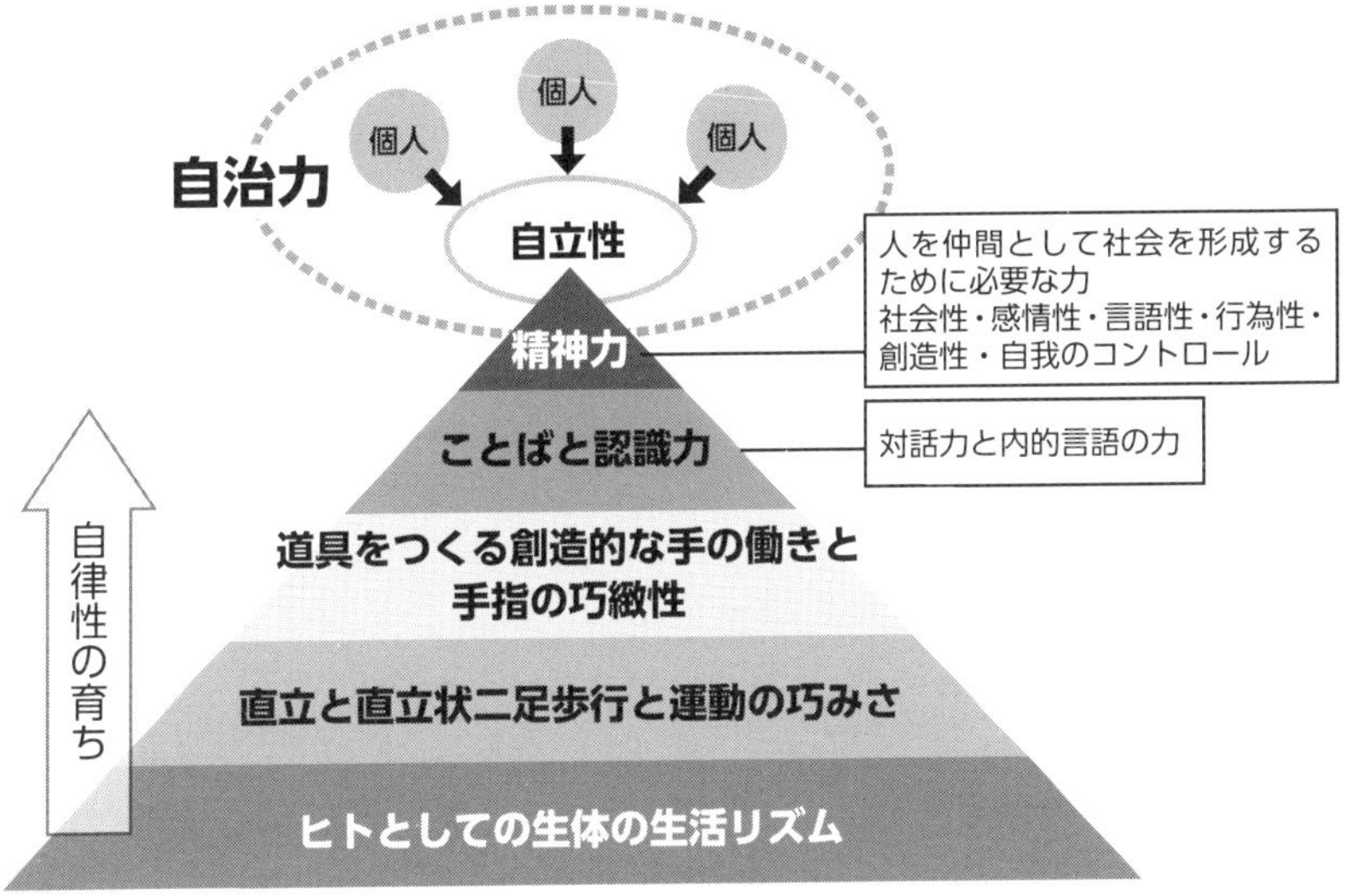

1 どの子もヒトの特徴的能力を獲得することが発達課題です

1　生体の生活リズムの育ち

私が、障害児保育・教育において最も中心に据えているのは、発達の理論と1日24時間の「生体の生活リズム」の科学です。この考え方は、障害がある子に限ったことではなく、乳幼児の発達全般を考えるときに基本となる考え方でもあります。また、「生体の生活リズム」については、ヒトは夜行性の動物ではなく、昼間元気に働く昼行性の動物であるという点から考えると、大人も子どもも誰でも大切にしなければならないことだと思います。

図14は、他の動物と比べてヒトが、進化の過

程で優れて特徴的な能力として身につけてきたものは何かを、階層的に示したものです。

これらを乳幼児期からしっかり身につけることが、ヒトの発達課題の根幹を成すもので発達を保障していこうとする時に大切なところだと考えています。特に障害があると、これらの能力の獲得に困難があり、弱さや不自由を生じています。

以下の❶～❼の項目について、それぞれの育ちと全体的バランスを考察していくと、目の前の子どもが抱えている発達課題が見えてくると思います。

❶生体の生活リズム
❷直立と直立状二足歩行
❸道具を使う手の働き
❹ことばと認識力
❺精神力
❻自律性
❼自立性

まず、障害がある子の優先的な獲得課題は、ヒトとしての「生体の生活リズム」です。「生活リズム」あるいは、「生体の生活リズム」ということばを、日本で最初に使ったのは、河添邦俊氏です。生活リズムということばが、世の中で使われるようになってくると、人にはそれぞれの生活があるのだから生活リズムもそれぞれまちまちで違っていてもいい、などという考えをする人たちが出てきました。そこで、氏は、ヒト本来がもつ「生体のリズム」と社会生活を営む「生活のリズム」を一致させていくことが、健康な毎日を送るうえで重要であると考えました。これが、「生体の生活リズム」ということばの誕生由来です（詳細は第３章で後述）。夜しっかり眠り、朝から活動できる脳とからだのリズムを整えていくことが、育ちの保障の土台となります。

2　直立と直立状二足歩行の育ち

２点目に重要な発達課題は直立姿勢と直立状二足歩行です。これは、ヒトの基本姿勢と基本運動です。この直立姿勢と直立状二足歩行を獲得していくみちすじについては、「姿勢と移動運動の発達」で説明しますが（73ページ参照）、障害がある子の多くはこの力が未発達な状態にあります。

これは、肢体不自由の場合を除くと、直立姿勢と直立状二足歩行を獲得するために必要な、正しい運動が不足しているからです。加えて、その姿勢を保つ働きや、直立して歩くなど骨格筋（からだの骨組みに対して関節をまたぐようにして働く筋肉）の運動にも関係している中脳と小脳などの中枢神経の働きも弱いためだと考えられます。

「直立姿勢」は、地面に対して垂直に立ち、頭からの垂線が腰の重心と一致した状態で立位を保持する姿勢です。その際の運動の重心線は、前後左右に揺れずにほぼ垂直にした状態を維持し

図15 正しい直立姿勢と悪い姿勢

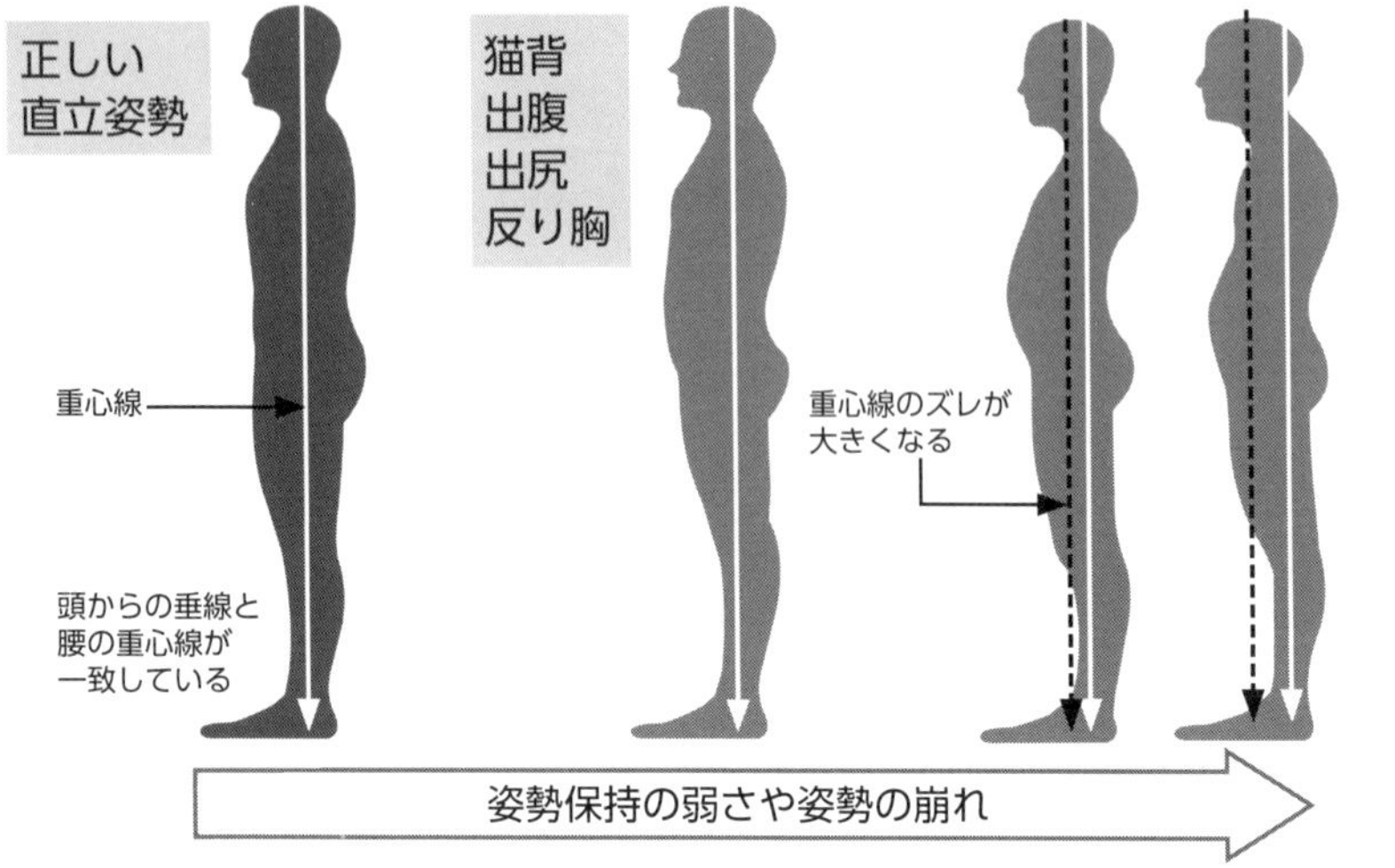

モーシェ・フェルデンクライス著　BODY AND MATURE BEHAVIOR より引用

ます（図15）。その姿勢で、かかとから着地し、少し外側にあおるようにして第五趾《し》に向かって体重を移動してから、最後に第一趾の付け根あたりと足ゆびで強く地面を蹴って前に進みます。それと同時に、もう一方の足のかかとが着地します。これを繰り返す歩行パターンを「直立状二足歩行」といいます。この歩行パターンが身についてくると、土踏まずが形成されていきます（図16）。

ヒトのからだは、脳が発達したために、からだに対して頭が大きくて重いのが特徴です。この大きくて重い頭を支えて歩くためには、強い足腰を育て維持していかなくてはなりません。図15に示したように、正しい直立の姿勢が保てずに、胸を反らせていたり、出腹、出尻、猫背になっていたりする子どもがたくさんいます。筋肉や脳の働きに弱さがあると、立っていて

図16　直立状二足歩行と土踏まずの形成

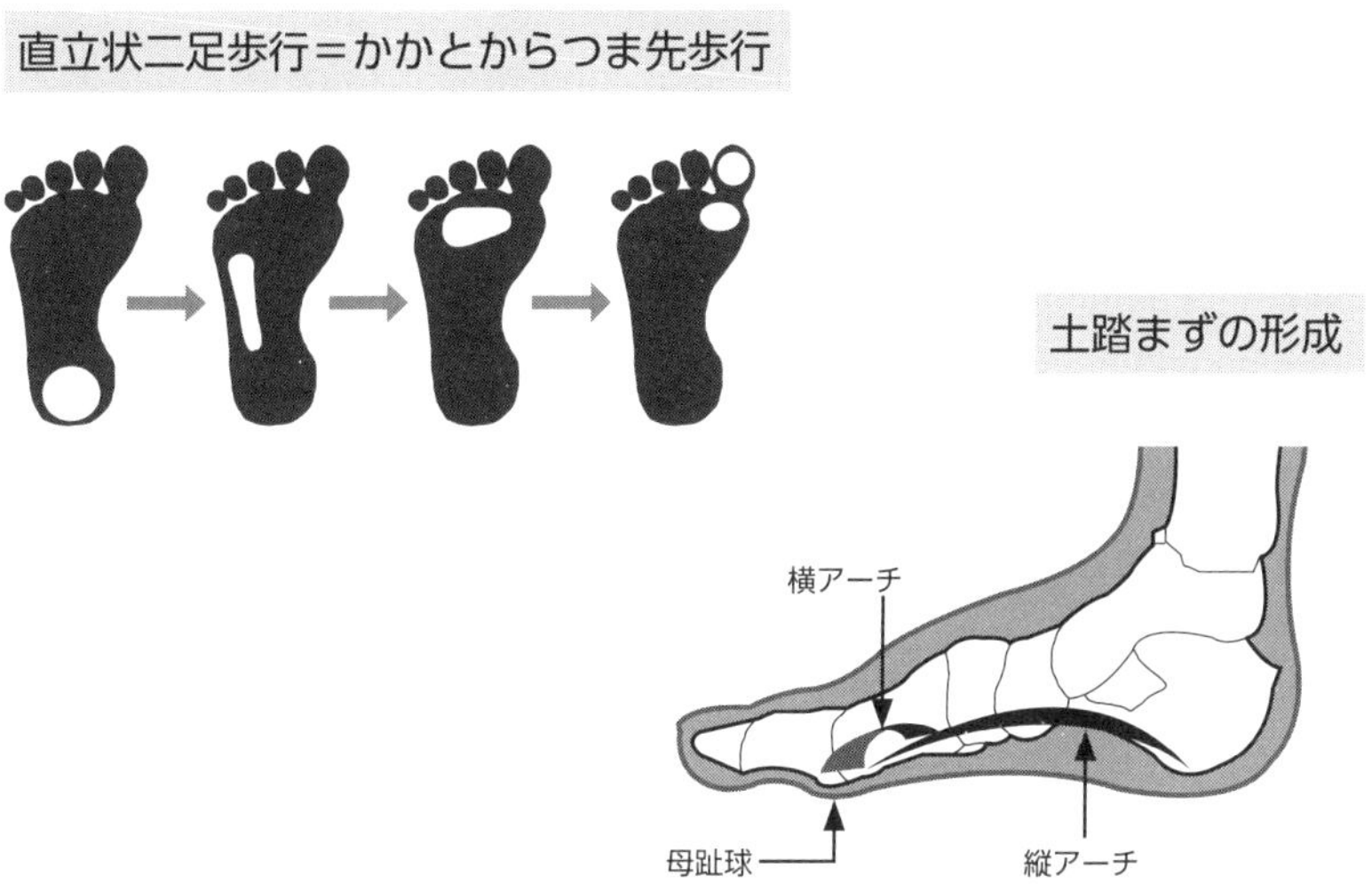

も、からだの抗重力筋（重力に逆らってからだを支えようとしながら働く筋肉群）に余分な緊張とからだの正中《せいちゅう》に対して左右の差が出てきます。すると、頭からの垂線と腰からの重心線がずれて、頭からの垂線の方がより前にいって、からだは倒れないように絶え間なく、膝関節と頸椎《けいつい》から腰椎の背中のカーブを過剰に伸ばしながら姿勢を保とうとします。その状態が長い間続くと、脊椎側弯《そくわん》症、頸椎症、腰痛などの症状が現われてしまいます。

3　道具を使う手の働きの育ち

3点目に獲得したい課題は手の働きです。

正しい直立の姿勢を獲得していくと、からだの中心軸を前後・左右にバランスを回復しやすく、素早く次の動作に移るために構えたり動い

図17 道具を使う手の動き

①握りと環状のつまみ

- 親指と他の４指対向の働き
- 親指と人差し指の環状つまみと指先の器用さ（握力の調節）

②知る働きとしての手

- 触知覚としてもすぐれている　●熟練の技　●点字

③右手と左手の協応した働きを育てる

- 利き手と利き手を先導する補う手の分化した働き

④表現する手

- ジェスチャー・手話・踊り・芸術など

⑤目的に合わせて道具を創り、使う

- 創造的に道具を創る　●見通しをもって道具を使う

たりすることができます。これによって、手の自由度が増して、物を操作する力が一段と高まります。

ところが、障害や発達の遅れをもつ子どもたちの多くが、手が不器用です。それは、単に不器用というのではなく、肩から腕、手首、手指全体の筋肉の育ちの弱さと柔軟性に欠けているのです。そして、物の操作や道具の使用において、経験による学習の圧倒的な不足を感じます。子どもたちには、遊びや日常生活のなかで、さまざまな道具を正しく使う能力を育てていくことが大切です。

手の働きとその巧みさを整理すると、図17のようになります。

①ヒトは、親指の器用さが発達し、「握る」際には親指と他の4本指を向かい合わせて、棒状の物を握り込むことができます。加えて、人

差し指と親指の先を向かい合わせて丸を作るようにしてつまむ（環状つまみ）ことができます。その際、握力の調節が必要です。

②知る働き（触知覚）も優れています。微細に動かせるよう筋肉が育っていないと、触知覚も限定されてしまいます。握力と指先の器用さと触知覚を統合しながら学習し、手の働きを高めていくのです。

③左右の手は、同じ動きをすることも異なる動きをすることもできます。より効率的に作業をしようとする時には、もう一方の手も、利き手を先導したり補うように働いたりします。

④手でさまざまな表現ができます。それは、サイン言語としての手話やさまざまなジェスチャーに代表されます。踊り（ダンス）などでは、指先の表現力までも要求されることがあります。

⑤目的に合わせて道具を創り出し、道具を使います。ヒトの文明の進歩は道具の発明と進化の歴史でもあります。道具を使う時は必ず「何のためにそれを使うのか」という目的があり、また、さまざまな道具をその目的に応じて正しく使いこなすためには、手の器用さだけでなく、先を見通す力や判断力が必要です。

4　ことばと認識力の育ち

他の動物と異なり私たち人間だけが、ことばで相手と交流し、共に働き合い、自然・物・人などに働きかけながら同時に自らも自己を変革して、高度な文化や社会を築き上げてきました。相手のことばによって立場や気持ちを理解したり、集団で話し合いができたりするのは人間だけです。対話を通して豊かな人間関係と社会を築いていくことができます。

子どもは、音が聞こえるという世界から、音と区別して、単なる音ではない「ことば」があることを知っていきます。やがて、「ことば」にはある一定の規則性・法則性と意味があることを理解していきます。そして、それを自分でも発するようになって、使いながら理解をしたり新たなことばを覚えていったりします。

また、ことばは、ただ単に話せればいいということではありません。次にあげる「ことばのもつ三つの機能」が、それぞれにまた相互に関連して育っているかどうかをみていくことが大切です（図18）。

ことばの三つの機能

一つ目の働きは、象徴（命名）機能です。ものごとにはすべて名前があるように、それは、他と区別して使うために、ある一定の概念化されたことばで言い表わされています。それを認識し、記憶し、ことばで思考しています。思考や認識の手段としての働きです。

二つ目の働きは、コミュニケーションの働きです。人と向かい合い、適切に自分の気持ちや考えを表現しながら伝えていきます。相手とのやり取りを通して、お互いに理解し合い、対話する

図18　ことばの三つの機能

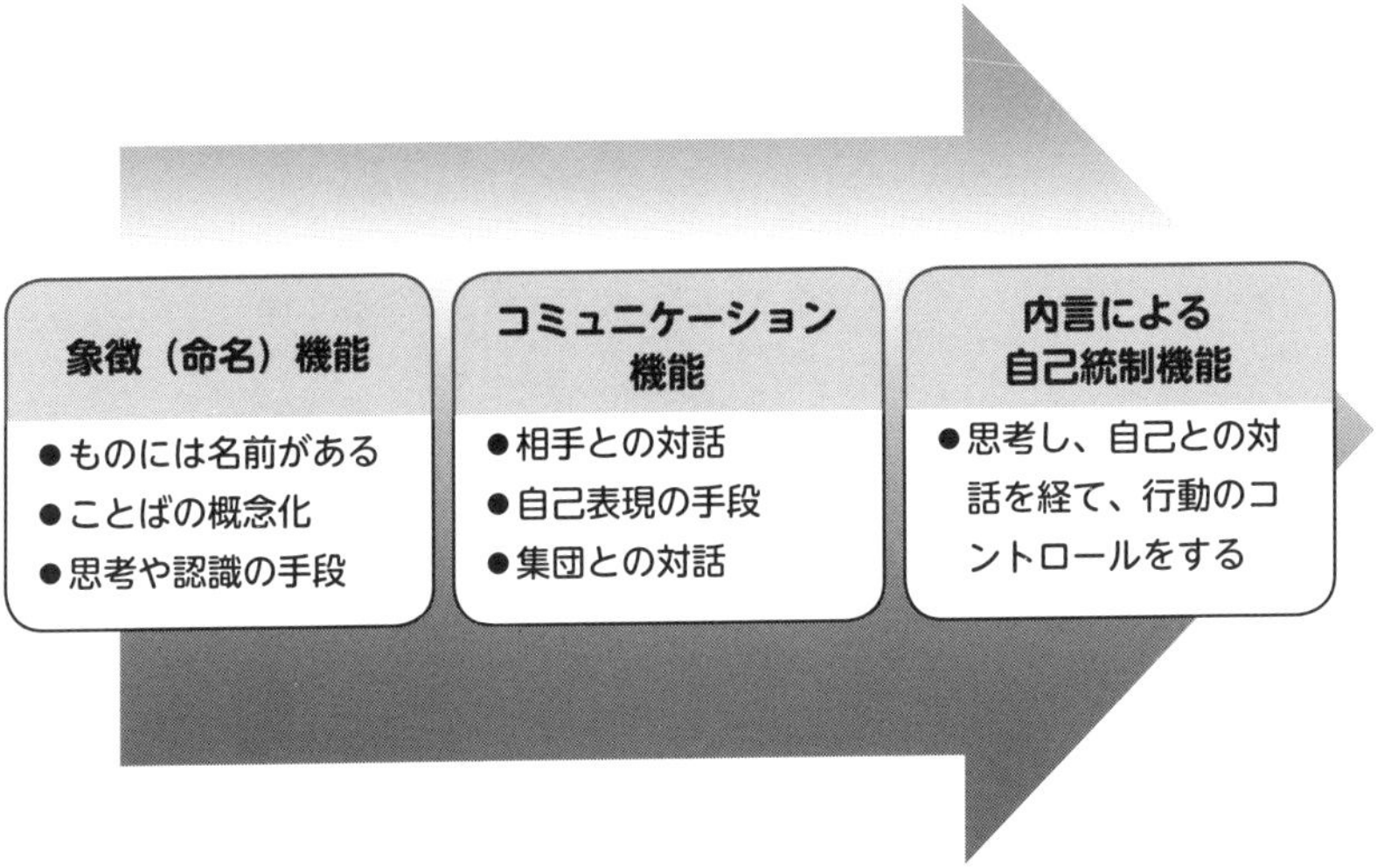

関係を築いていきます。対話は、個人のことばを基盤にした認識・思考していく能力に、質的変換をもたらします。

三つ目の働きは、内言（内的言語）による自己統制の働きです。自分ではない相手、つまり、外に向かってことばを発する外言に対して、自分に向かって言うことばを内言といいます。私たちは、自分自身に、ことばで言い聞かせたり問いかけたりしながら考えをまとめ、自分のとるべき行動をコントロールします。この力も、集団生活を送るうえで、行動様式に質的変換をもたらします。

これらの働きは、ことばを話し始めるのと同時に初めから備えもっているわけではありません。カタコトのことばから少しずつことば数を増やしていき、単語を並べていただけのことばに助詞が入り、やがて文章になっていくなかで、一つ目、二つ目、三つ目と順を追って育っていきます。

ことばとその意味や概念に裏打ちされた認識力も、ヒトの優れた知的能力の一つです。ですから、相手に対し、いつ・どこで・誰に・どんな内容をどんなふうに自分のことばで表現して伝えるのか、あるいは自分のとるべき行動にどう生かしているかが問題です。子どものことばと認識力の発達を考察するとき、表面に現れてきた発話としてのことばのみを評価するのではなく、前述のことばの3大機能の発達とともに、それらが人間としての豊かさや自由の獲得に、どういった広がりを見せているのかをみていくことが大切です。

つまり、重要なことは、「ことばが話せる」ことや「覚えて記憶する」ことが目的ではなく、ことばや得た知識で「どのように行動に現わしていくか」ということが大切なのではないでしょうか。そして、その行動は、人間としての豊かさや幸福を追求するものでなければならないと思います（図19）。

障害がある子のほとんどが、ことばの発達に弱さや遅れがあるといっても過言ではありません。声は出すけれども、はっきりと聞き取れることばはまだ言えないとか、「パパ」・「ママ」は言えるけれども、そのほかに言えることばがなかなか増えないという子どもが多くいます。また、ことばは話せるけれども、パターン的であったり一方的で場面に合わなかったり、あるいはまた、抽象的な言い回しやあいまいな表現を理解するのが難しい子どももいます。そういった場合には、仲間と力を合わせて活動しながら共感し合う人間関係を築いていく力が弱くなります。

図19　豊かな経験と人間関係のなかで、ことばの力と認識力が育ちます

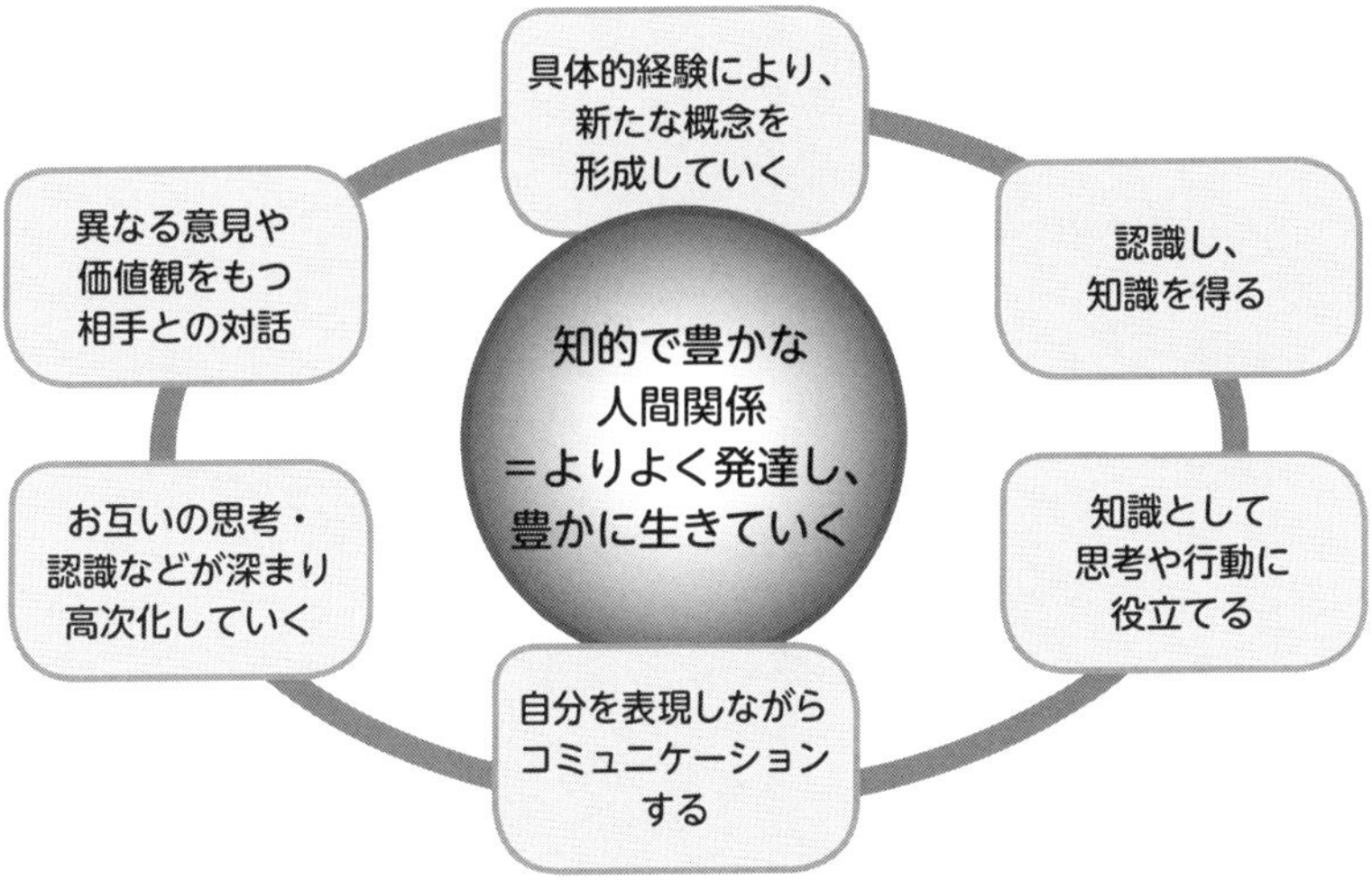
知的で豊かな
人間関係
＝よりよく発達し、
豊かに生きていく
具体的経験により、
新たな概念を
形成していく
認識し、
知識を得る
知識として
思考や行動に
役立てる
自分を表現しながら
コミュニケーション
する
お互いの思考・
認識などが深まり
高次化していく
異なる意見や
価値観をもつ
相手との対話

ことばと認識力は、育ちの総合力です。言い換えると、具体的かつ豊かな経験が積み重なり、より高次な脳を含めたからだと運動機能、意欲・情緒などの育ちの結果であるということです（80ページ参照）。からだの運び動かし方や手の働きにも弱さがある障害児には、ことばと認識力においても、よりいっそうの遅れや未熟さが生じやすくなります。楽しい具体的な経験が、とても不足しやすいからです。また、発話が遅いのは、発話に必要な条件がまだ十分に整っていないということですし、仲間づくりがうまくできないというのは、対話力や内言がまだ発達していないということなのです。

対話とは、相手と話をすることによって、自分と相手の思考や認識が深まっていく状態をいいます。相手が言ったことばに対して自分なりに解釈して相手とは違う表現でことばを返して話を続け、理解できないことに対しては質問したり聴き直したりして、自分の考えやとるべき行動を整理していきます。

また、納得がいかない場合には、それに反対することばを返す時もあります。それはただ単に「イヤ!」「ちがう」といった否定ではなく、相手を納得させるための根拠や理由づけを、その場に応じて自分で考えて返すものです。それぞれの認識力やその場の状況に応じて異なりますが、相手の納得を得たり、お互いの気持ちを理解し合うためには相手が理解できるようていねいに話すときもあります。

さらに、言語発達において重要なのは、内的言語（内言）による自己統制としてのことばの働きを育てることです。それは、自分のとるべき行動を導き出すための思考や自己との対話を経て、その結果導き出されたことを、行動修正のために自分自身に向けたメッセージとして言い聞かせていきます。

ある時は問いかけであったり、その問いかけに対しての答えであったり、また自分を勇気づけたり奮い立たせたり、反対に気持ちを落ち着かせたり抑えたり……というようにさまざまです。そうして、自分のなすべき行動を決定して強くコントロールしていきます。

内言は、通常は音声にして表わすことはしないで、自分のこころのなかに留めます。しかし、内言の働きの未熟な子どもの場合は、それが外言化して現われてしまうことがあります。自分を奮い立たせるために「だいじょうぶ!　よーし!」などと言いながら、課題にとりくもうとして

図20　対話力と内的言語（外言と内言）

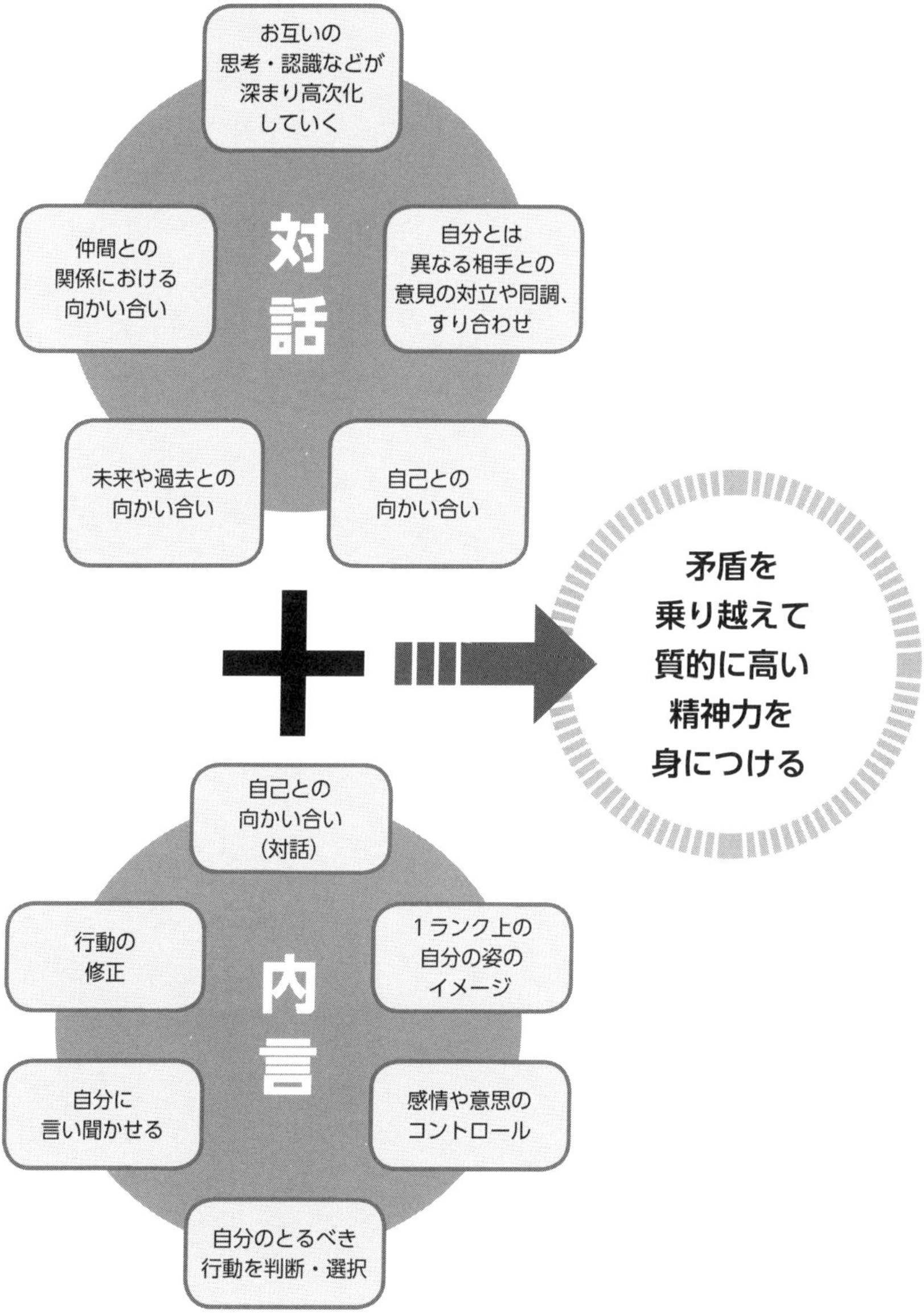

いたり、「～だから、つぎは…」などと、思考過程が見え隠れしていたりする場合もあります。自分自身と懸命に向かい合って、今よりも質的に違う1ランク上の自分の行動に移そうとしている現われなのです（図20）。

その一方で、対話する力が未熟な場合は、内言による自己統制機能も発揮することが難しいのです。集団活動において、なんでも一番になりたがる、自分の非を認められない、「やろうとしたけれどもできなかった」という姿をよくみかけることがあります。このような場合は、多様な人間関係を経験するなかで自己矛盾や異なる意見の対立を乗り越える内言の働きが強くなると、同時に精神力もより一層高まります。

5　精神力の育ち

精神力を司るのは、脳のしくみから見ると大脳の前頭葉前野です。ここはヒトが、他の動物とは比較にならないほど進化を遂げたところです。また、前頭葉前野は最後に発達するところで、死ぬまで一生を通して発達していく可能性があり、可塑《かそ》性も高いと言われています。

それでは精神力とは何かというと、私は、その人らしさ（＝個性）の基となるもので、やがて人格性へと高められ、人間の幸福の追求を健康で文化的な生活に求めていく能力だと思います。ですから、障害は個性ではないと思うのです。精神力の内容には、社会性・感情性・言語性・行

図21　精神力＝その人らしさ（個性）をつくる基となるもの（やがて人格性を高めていく）

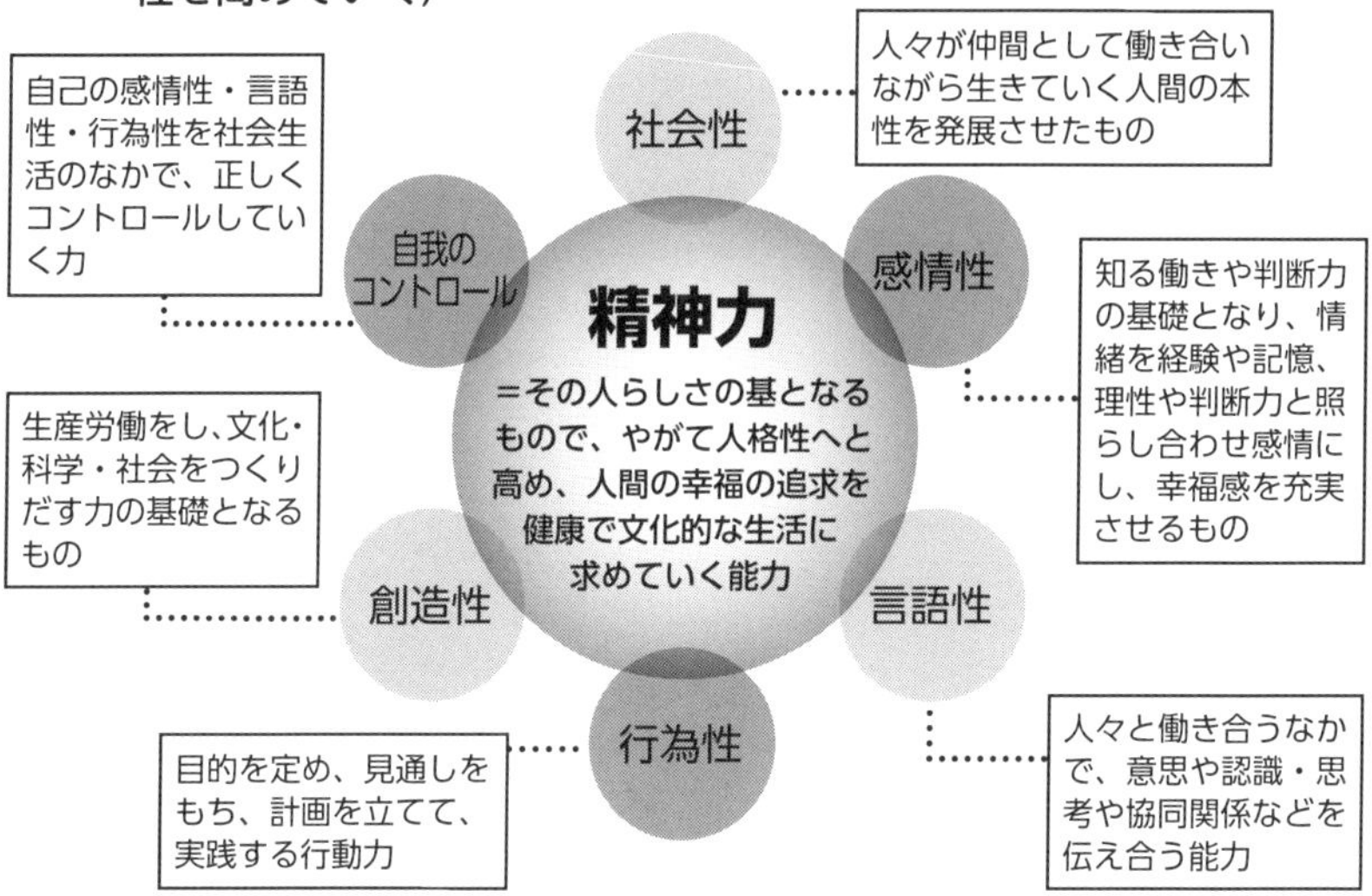

為性・創造性・自我のコントロールといったものが含まれます。

ヒトは社会的な動物ですから、仲間と一緒に活動することを本能的に望みます。社会性が育ってくると、仲間意識や集団の目的意識が高まり、その集団の目的を達成するために団結して活動にとりくみます。一人ひとりがもっている力以上の集団によるパワーが発揮されたり、集団の力が個人の能力をよりよく引き出していったりすることもあります。感情性は、知る働きや判断力の基礎となるものです。情緒を経験や記憶、理性や判断力と照らし合わせて個あるいは集団の感情にまで高め、幸福感を求め、より充実させるものです。感情性が育っていくと、一時的なその場の情緒や過去の記憶に縛られずに、理性と相互に働かせることによって、強さや優しさなどを発揮していきます。

言語性は、よく考えてそれをことばで表現して、仲間とコミュニケーションをとり合いながら行動していく力です。単に話せるというだけでなく、周囲の状況や仲間との関係の中で、「今どんなことばを言えばいいのか」をよく考えて発言します。そして、行為性が育つと、目標に対して、その計画性や実行力にも優れた力を発揮します。

また、創造性は、ものを生産する労働においてだけでなく、文化・芸術（美術・音楽・踊りなど）、何かをつくり出そうとする時のアイデアや工夫のしかたに発揮されます。そうした力の育ちに加えて、自我のコントロール性が高まってくると、自分自身や相手、あるいは仲間集団との関係の中で、本当に強い意志と行動力をもった人間に成長していきます（図21）。

6 自律性の育ち

障害や発達の遅れがある子どもたちを仲間としながら共に育ち合っていく保育・教育を目指していく時に、常に見直していかなければならないのが、自律性と自立性の育ちに対する課題です。子どもは、乳児期後半から親しい大人の真似をしてできることを増やしながら、してもよいこととしてはいけない悪いことを判断し、できることは自ら進んで行なう力の育ち＝「自律性」が芽生えてきます。

しかし、とりわけ、障害や発達に弱さがある子どもの、自律性と自立性の育ちはとても未熟な

図22 自律性の育ち

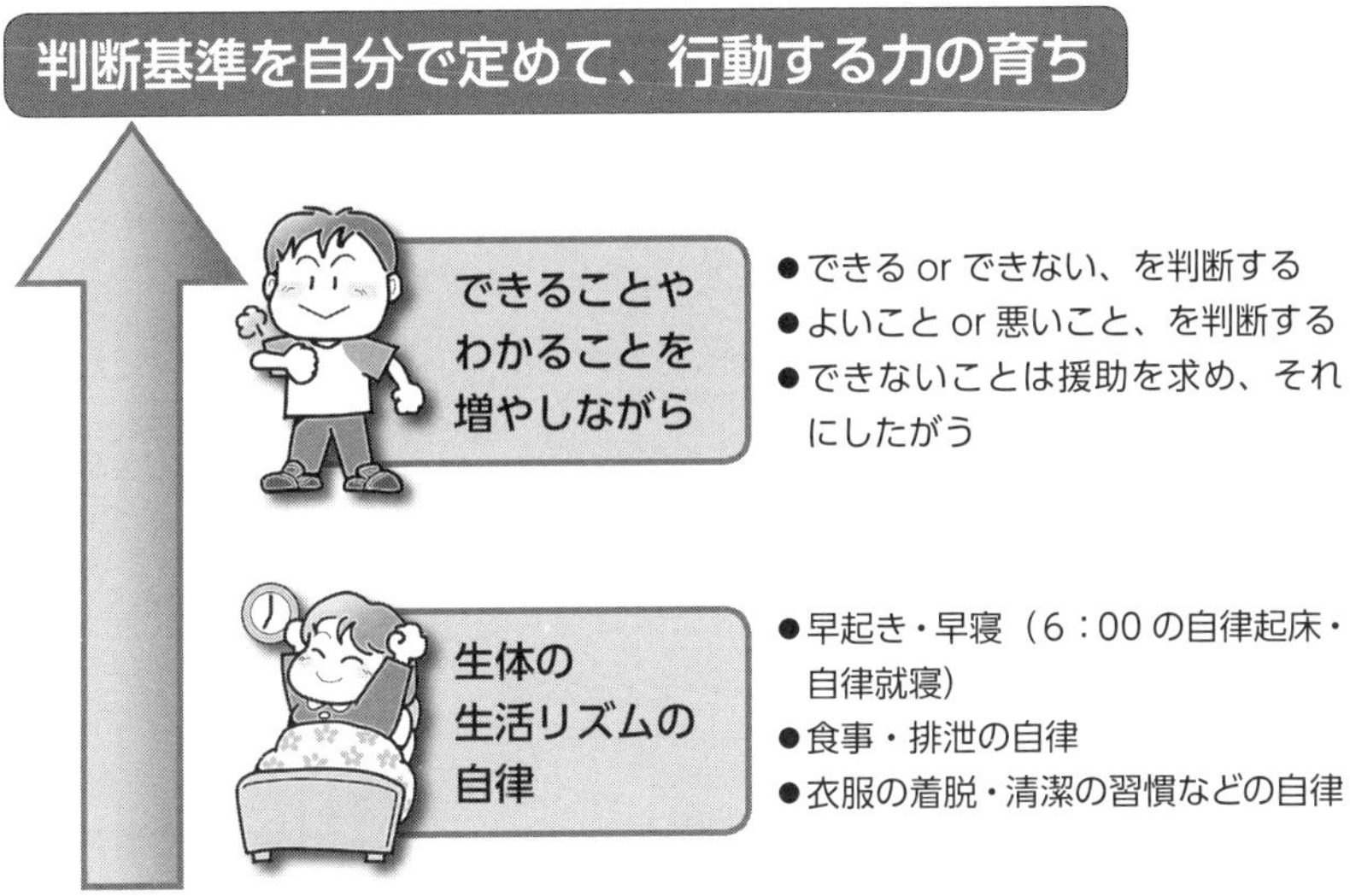
判断基準を自分で定めて、行動する力の育ち
できることやわかることを増やしながら
●できる or できない、を判断する
●よいこと or 悪いこと、を判断する
●できないことは援助を求め、それにしたがう
生体の生活リズムの自律
●早起き・早寝（6：00 の自律起床・自律就寝）
●食事・排泄の自律
●衣服の着脱・清潔の習慣などの自律

場合が多く、援助が必要です。それは、生活年齢に対して、まだわからない、できないことが多いからです。子どもができることやわかることを増やしていくのにとても時間がかかるし、その過程で、誤った判断やわがままな行為、あるいは身の危険にさらされるようなことをした場合には、きちんと叱り、とるべき態度を教えなければなりません。

一方、一生懸命がんばっていたり、正しい行ないをしたりした場合には、子どもと共にその成長を喜び、ほめることが大切です。できることやわかることを増やしながら、その判断基準を自分でつくっていくことは、自己実現のために必要な力です。

また、問題への対処法がわからない時、自分の力ではできない時、「教えてください」あるいは「手伝ってください」と、人に頼むことができるようになることも必要です。自律性の育ちのなかには、できることは自分でやるけれども、どうしても自分の力だけでは難しいことについては、素直に人に助けを求める力も含みます。一人でできることには限りがあるから、ヒトは仲間集団をつくって、お互いに助け合って生きているのです。

そして、特に重視したいのは、「生体の生活リズム」と自律性についてです。脳の働きに未熟さや弱さがある子に対して、乱れた生活のままで毎日を送っていたらどうでしょう。脳とからだの働きはもっと弱くなり、いつまでたっても発達の弱さや遅れをなくすことはできません。大人の力で生活環境を整え、「生体の生活リズム」に添った規則正しい生活を送り、生活の自律性を高めていきましょう（図22）。第3章で詳しく説明しますが、気持ちよく朝6時頃に自律起床ができること、食事と排泄が自律することは大変重要です。

7　自立性の育ち

わが子に障害があることを知った時、親がまず心配になるのは、子どもの健康と今後の育ちと、将来自立して生きていくことができるかどうかではないでしょうか。その人個人のがんばりだけではどうしようもない、障害児・者に対する差別や偏見、経済的保障を含めた制度的支援の不十分さによる不自由など、障害者の自立に関する問題は山積しているからです。これらは一朝一夕に解決できるものではありませんから、ここでは、まず「自立」ということばの定義から考えて

図23　自立性の育ち

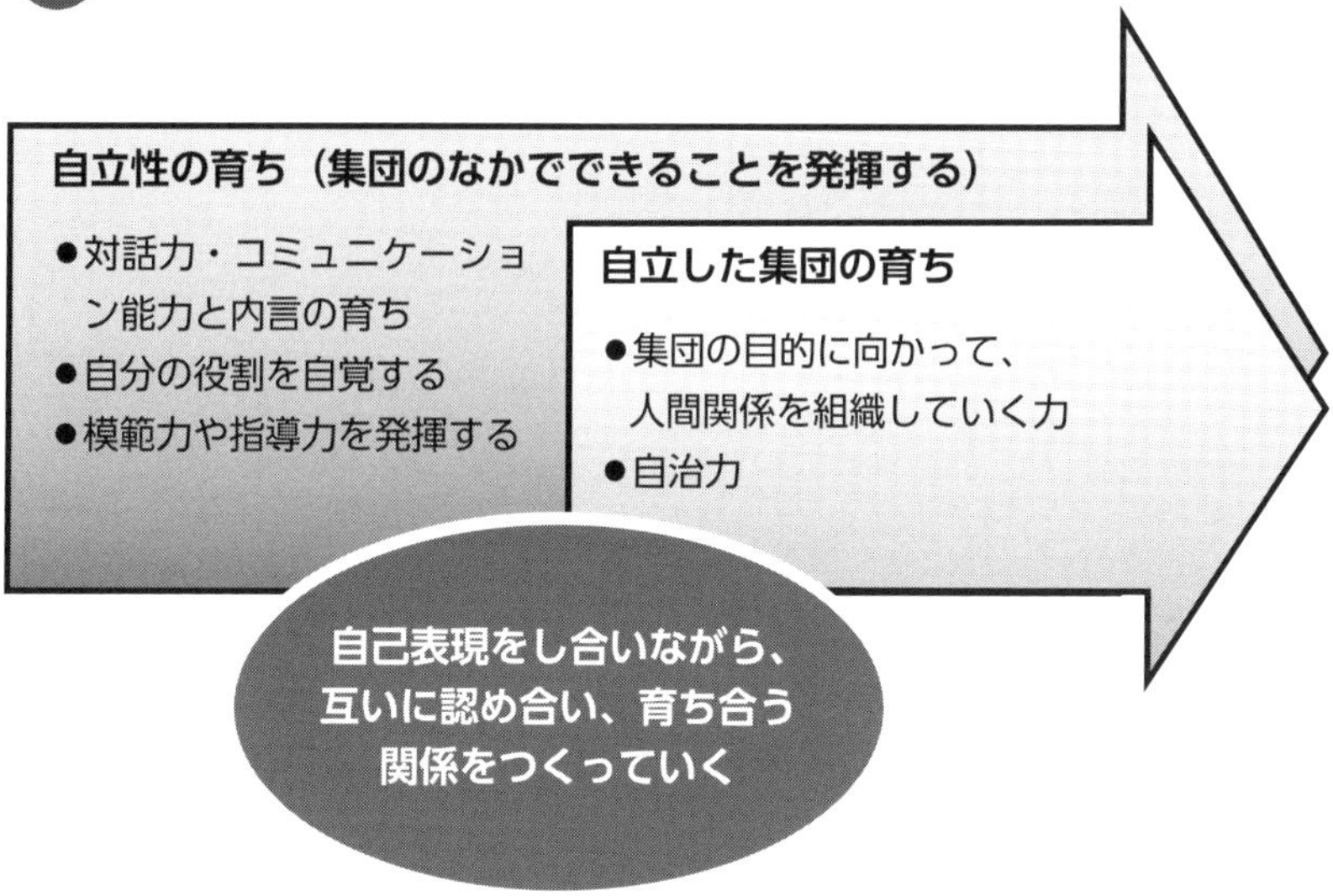
自立性の育ち（集団のなかでできることを発揮する）
●対話力・コミュニケーション能力と内言の育ち
●自分の役割を自覚する
●模範力や指導力を発揮する
自立した集団の育ち
●集団の目的に向かって、人間関係を組織していく力
●自治力
自己表現をし合いながら、互いに認め合い、育ち合う関係をつくっていく

みたいと思います。

「自立性」は、他の人とコミュニケーションする力を高めながら仲間をつくり、集団活動をする際には自分の役割を自覚して、自分の力を発揮すべきことを進んで行ない、互いに育ち合っていく力の育ちをいいます。集団の活動目的を達成していくためには、一人ひとりの自覚だけでなく互いの協力関係が必要です。そうでないと個人も集団も発達できません。自立性は、個人と集団との関係で考えていきます（図23）。

そうすると今度は、障害が重くてできることが少ないとか、身辺自律もままならない場合はどう考えればいいのかなどの疑問が出てきます。しかし考えてみると、生きていることそれ自体ができることの発揮なのです。

先に社会性について説明しましたが、ヒトは社会的な動物であり、一人ひとりが人権をもっている、尊厳ある存在なのです。たとえ障害が重くても、その人の生命活動そのものに価値があるのです。現実に指1本で、あるいは目の動きや息づかいで、コミュニケーションをとろうと懸命に自立性と自分の生を表現している子どもたちがたくさんいます。

その一方で、その子、その人の意思は別問題としても、彼らにより家族や周囲の人たちもまた、個や集団として学び、育ち、支えられていることが多いのです。その力をどう受け止めるかは、小さな変化や要求をどれだけの重みで受け止め、応えていくことができるのか否かという相手や集団次第の問題で、障害の重さではないと思います。

個人の自立性は、人間関係や集団の質に影響を及ぼします。しかし、最も弱い者の立場やその背景に潜んでいるものを勘案しつつ、それを厄介払いせずにみんなの問題として問題解決に臨んだなら、質の高い集団が形成されると思います。個の力には凸凹や限界があるから、集団はおもしろいのでしょう。

2 障害がある子もない子も発達のみちすじは同じです

1 愛着と視線を合わせる力の発達

この節では、障害がある子どもたちに発達の弱さや遅れが生じているところや、障害の軽減・

図24　視線を合わせる力と大人への愛着

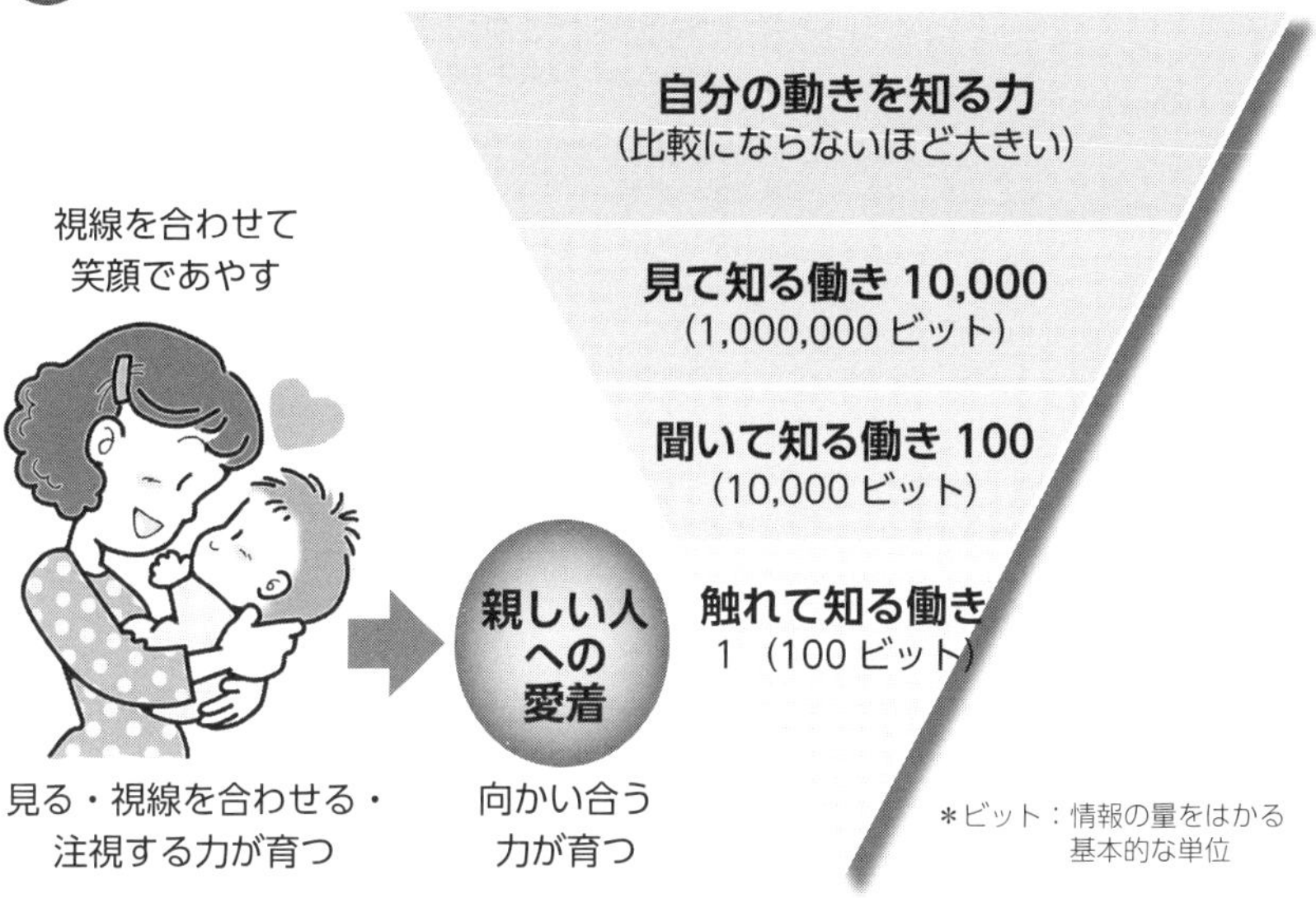

＊ビット：情報の量をはかる
基本的な単位

克服のための基礎となる力として特に身につけて欲しいことを取り上げますが、障害がある子もない子も、発達のみちすじは同じです。

ただし、障害があると、脳も含めたからだの発達に弱さや未熟な状態があるので、育ちが非常に緩やかな場合が少なくありません。その場合にも、原則的には発達のみちすじは同じで、人と視線を合わせる力が育っていなければ向かい合って人とやりとりすることはできないし、寝返ったりハイハイをしたりすることができないのに立ち歩くことを練習すると、その後の姿勢や運動の発達にゆがみや困難が生じやすくなります。

時間がかかっても発達の順序にしたがって、今ある力を発揮させながらつぎの発達課題を少し加えていくようにします。そのためには、健常といわれる子どもがどのような経過（過程）

を経てヒトの能力を獲得していくのか、つまり、乳幼児期の発達を十分に理解しておく必要があります。

図24に示したように、ヒトの知る働きの中で一番大きく育つのは、「動いて知り」「知ってまた動く」という働きですが、その次が「見て知る働き」です。まず、視線を合わせる力を育てていきましょう。

機嫌のよい時に抱き起こして向かい合ってあやされるという遊びを十分に経験した子どもは、相手と視線を合わせたり目でものを見つめたり、必要に応じて動くものを目で追いかけて見る力が育ちます。それは、快の情緒の発現と共に、中脳（20ページ図3・23ページ図4参照）が育ち始めている証です。新奇なものは快の情緒と共に繰り返されると、やがて親和性の高いものへと変わっていきます。それが特にヒトの顔では顕著で、愛着行動や、それとは反対の行為である人見知りといった人間関係の育ちに表れます。

人と視線を合わせて笑ったり、話をしたり聞いたり、また、真似をしながら動作や運動や作業などを覚えていくのも見る力が育ってこそ可能になっていくものです。人間関係は目を合わせることから始まります。視線が合いにくい子には、大人から目を合わせてにっこり微笑んで愛着関係をつくります。

図25　脳幹の報酬系

ドーパミン神経系		
A8 ～ A15	集中力・好奇心・報酬を得ようと活性化する	レム睡眠中に生成
ノルアドレナリン神経系		
A1 ～ A7	がんばり・ストレス解消・学習や記憶の保存	ノンレム睡眠に関与
セロトニン神経系		
B系列	安心感・日中A系列を調節	夜の眠りを安定させる・メラトニンの合成
アドレナリン神経系		
C系列	恐怖・強い怒り	シナプスの形成を抑制

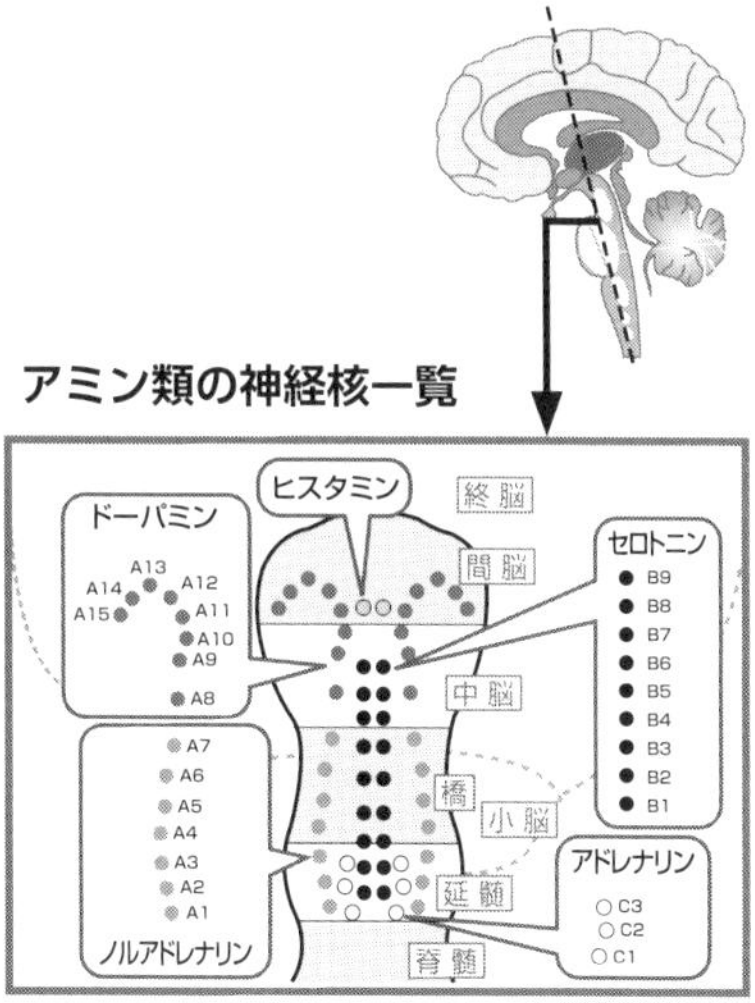

Web Since March 2001
アニメーションで見るビジュアル生理学より引用

2　ヒトとの関係で発達する「笑う力」

欲求が満たされた時、あるいは満たされることがわかった時、また報酬を期待して行動している時に、快の感覚を与える神経系のことを報酬系と呼びます。報酬系の神経核は、延髄・橋・中脳・視床下部（間脳の一部）の中に並んでいて、神経伝達物質（＝ホルモン＝神経細胞間で刺激信号をやりとりする際、微量に働く物質）を分泌します（図25）。

そのなかで、ドーパミン・ノルアドレナリン・セロトニン・アドレナリンは、「モノアミン（＝アミノ基（$-NH_2$）の形をもった化合物の原子集団）を1個だけ含む）神経伝達物質」と呼ばれ、情緒をつくり出し、また多数の脳内の部位に大きな影響を及ぼすことが知られています。

報酬系には、快の情緒を生み出す中脳から主に大脳前頭葉に作用するドーパミン神経系、延髄・橋から緊張感ややる気を出すために脳全域に作用するノルアドレナリン神経系、脳幹正中部に分布していて、小脳・中脳・間脳・大脳辺縁系・大脳皮質などに作用する安心感や脳の興奮を抑制するセロトニン神経系、延髄から分泌して強いストレスからの回避の役割をもつアドレナリン神経系の四つがあります。

モノアミン系神経伝達の相互作用は、運動機能や情緒、認知などの大脳の働きをコントロールすることから、自閉症スペクトラム症候群、注意散漫・多動性・衝動性障害（ＡＤ／ＨＤ）、気分障害などのさまざまな障害に関係していると考えられています。近年では薬物療法も進んでいますが、ホルモンは、脳内でちょうどよく作られ、ちょうどよく分泌されることで、最大の効果が得られるという特質がありますので、子どもへの投与には細心の注意が必要です。

欲求は、喉の渇き・食欲・体温調整・睡眠欲求といった生物学的で短期的なものから、人との関係で「うれしい」・「楽しい」・「おもしろい」・「満足する」・「愛される」ことなど、より高次で社会的・長期的なものまで含まれます。

まず、からだの生理的欲求が1日24時間の「生体の生活リズム」に添うように生活をしながら、脳や内臓や筋肉などが働きやすいような内的条件を整えていきましょう。

一方、日中の活動では、大人が子どもと一緒に遊び、笑いの見本はまず大人が示します。そして人との関係で笑い声が出るような遊びや、心地よい疲れが残る程度の運動をします。

通常、首から肩、胸、背などの体幹の筋肉が育ち、かつ、親しい大人との信頼関係や安心感があると、からだを揺り動かされて遊ぶことを好むようになり、大人の顔を見ながら笑顔や笑い声で喜びを表わします。

しかし、障害があると、からだの硬さや視知覚の未発達、脳の働きの弱さなどによって、からだを反らせていやがったり怖がったりする子どもがいます。そういった場合にも、たとえば、大人が子どもを抱き、「タカイ、タカイ」と上に上げたり、左右に揺らしたり、タオルケットなどの上に子どもを乗せてハンモックのように揺らしたりと、いろいろな「ゆさぶり遊び」ができます。もしも、子どもが怖がるようであれば、揺れの刺激を小さくして、少しずつ慣れるようにしていきます。子どもが喜び、「もう1回、もっと！」というような表情を見せたならば、少しずつ揺れの刺激を大きくしていくと、ますます喜んで声を出して笑います。子どもが、心地よさを感じて笑い、笑顔や笑い声を交換することが大切です。

揺れの刺激の四つの効果

揺れの刺激は情緒と脳の発達を促します。

❶見る力を育てます——物を追視する目と動きの協応性や目を合わせる力を育てます。

❷平衡機能を育てます——前庭三半規管、視覚（空間知覚）、運動筋などへの刺激となって、小脳・中脳が連携して働き、「首の立ち直り反応」や「姿勢反射」をよくしていきます。これは、

図26 大人の力であやし、ゆさぶり、声を出して笑う力を育てましょう

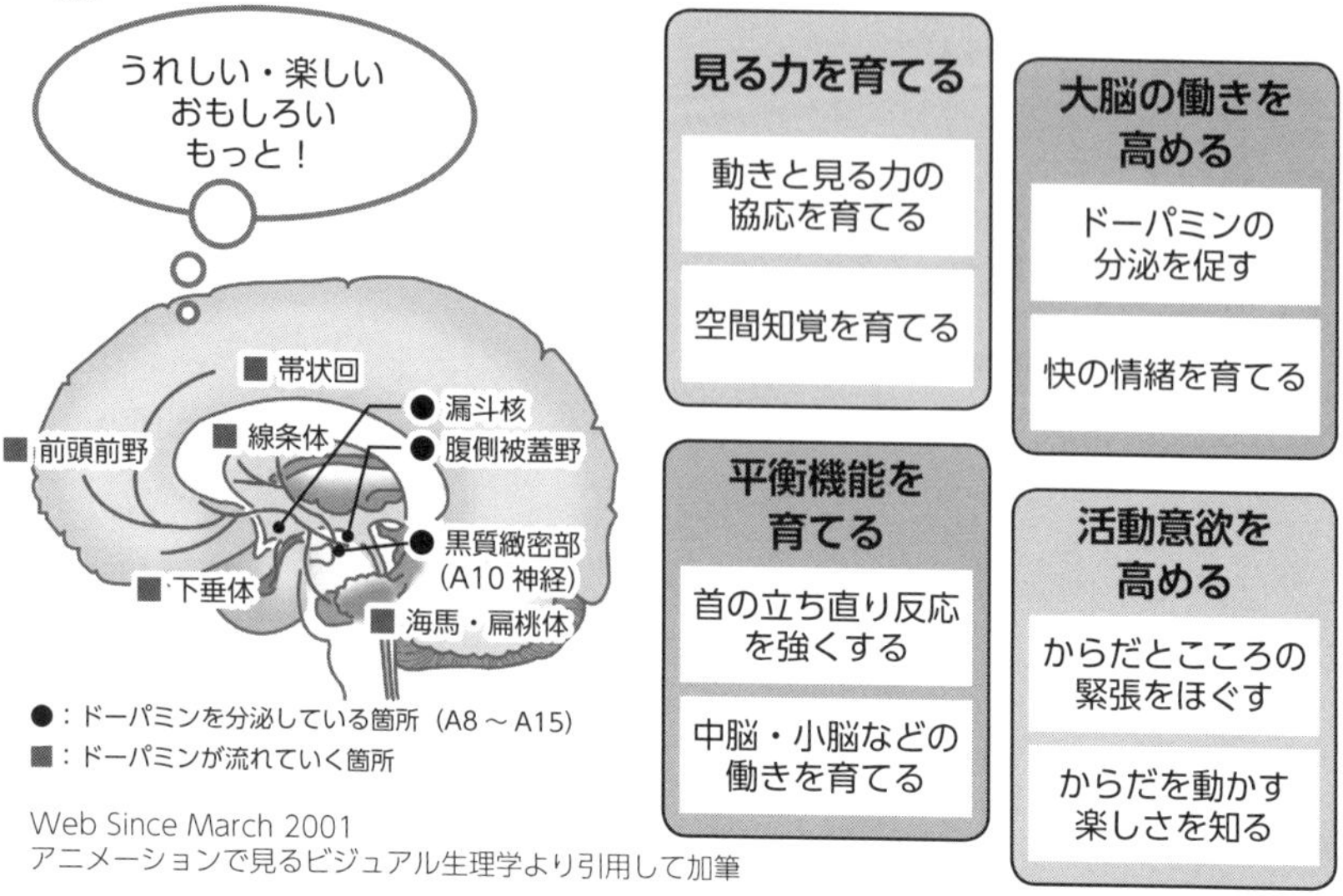

Web Since March 2001
アニメーションで見るビジュアル生理学より引用して加筆

直立と直立状二足歩行を獲得する際にも重要な脳の働きです。

❸ドーパミンの分泌を促して、快の情緒を引き起こし、大脳の働きを高めます——リズミカルな心地よい揺れの刺激は、中脳にあるA10神経からドーパミンというホルモンを分泌させます。ドーパミンの刺激は視床下部を通って大脳辺縁系（海馬・扁桃体などがあるところ）を経て、意欲・記憶を増進させます。さらに、大脳の前頭葉前野までも刺激してその働きを高めていきます（図26）。

❹活動意欲を高めます——からだを動かしてもらうことが楽しく、気持ちがいいことを経験する積み重ねが筋緊張を緩め、やがて、からだを動かす楽しさを知ることへとつながっていきます。すると、運動がしやすくなって、運動課題にとりくみやすくなります。

3　姿勢と移動運動の発達

無意識的な運動の際には、中脳が小脳と連携して平衡性（バランス感覚）を保ちながら、筋肉の緊張と弛緩を調節して協調的な運動をするように働きます。たとえば、まっすぐ立って歩く、頭や顔を守るために転んだ時に手を出し、顔を上げる動作などは中脳の働きによるものです。

このように中脳は、覚醒レベル、感覚刺激の出入りの調節、情緒だけでなく、運動・姿勢に関係してとても大切な働きを担当しています。この中脳の働きに弱さが見られるのが、障害がある子の特徴の一つです。

加えて、乳幼児期に這う運動などが不足していて抗重力筋が育っていないのも、育ちの弱さの特徴です。まだ独歩できない子には、立位以前の運動課題である、這う運動や上体を支える運動を積み重ねることが基本です。首がすわり、うつ伏せの姿勢からハイハイを経て立ち上がり、２本のあしで歩くようになるまでの過程は、まさしく姿勢と移動運動を支える抗重力筋の発達のみちすじです。

ハイハイの獲得までに時間がかかり過ぎたり、その期間に弱さやゆがみがあったりした場合には、その後、立ち歩くようになってからも、姿勢と運動、手の働きに弱さを残すことが多いのです。這うよりも座ったり立ったりしている姿勢の方が、視線が高くなるので視野が広がり、子どもは立つ方を好みやすいのです。

図27 直立状二足歩行獲得までのみちすじを大切に育て直しましょう

抗重力筋と
脳の働きの弱さの現われ

首の立ち直り反応や姿勢反射の弱さ

転んだ時に手が出ない。からだが傾く。背すじがピンとしていない。多動。転んで顔をけがする。あごを突き出している。よくほお杖をつく。口をぽかんと開けている。発声・構音器官の発達の弱さ→発音不明瞭

肩・腕・手首と手指の弱さ

肩・腕・手首の力が弱い。鉄棒・縄跳び・球技などが苦手。手先が不器用。肩に力が入り、指先がうまく使えない

体幹の弱さ

静止が困難。背中ぐにゃ。猫背・反り返り・側弯・肩こり・腰痛・出腹・出尻など

あしの弱さ

X脚・O脚。正座ができない。扁平足。長時間立っていられない。長時間歩き続けることができない。外反母趾、かかとやつま先のゆがみなど

乳を飲む・両眼視・首のすわり

↓

肘立て姿勢保持→腕立て姿勢保持

↓

回り這い→後ろ這い・寝返り（手押し車）

↓

両手・両ひざ這い→（お座り）

↓

高這い→立位→歩行
（O脚状＝両ひざが外側を向く）

↓

歩く・走る
（X脚状＝両ひざが内側を向く）

↓

いろいろな協調運動・巧みな運動・直立と直立状二足歩行の獲得（平行脚＝両ひざが正面を向く）へ

呼吸・笑い → 姿勢・運動 → 咀しゃく → 発話

十分、ハイハイをしないと、歩くようになってからも転びやすく、正しい直立と直立状二足歩行が獲得できていない弱さが表われてしまうのです（図27）。

すでに立ち歩いている子どもでも、這って競争し合ったり、動物ごっこをしたり、テーブルの下をくぐったりなどの工夫をするととても楽しめます。歩くことや他の運動を組み合わせて、普段から抗重力筋を育てていくことが直立と直立状二足歩行を獲得するには効果的です。ハイハイの運動はからだを支えながら移動運動をするので、肩から腕・手は、抗重力筋として機能します。

また這う運動は、手の器用さの育ちにも関係してきます。手首がうまく動かせないと、道具もうまく使えません。這う運動をする際、前を向いて這うように促すことが大変重要です。前を向いて這うと、肩・首の筋肉が発達し、咀しゃく筋などの連動する筋肉も強化されます。首や肩の筋肉が強くなると、首の立ち直り反応や声帯の働きもよくなります。

4　模倣力と認識力の発達

親しい大人との関係で、笑いの交換ができるようになった子どもは、大人の後を始終追いかけながら一緒のことをしたがります。大人も「お手伝いしてくれるの？　これはね、こうしてやるのよ」などと子どもの相手をしながら遊んでいくのがとても楽しくなります。真似の行動を通じて、できることやわかることを増やしていきます。

図28　真似しながら認識力が高まる

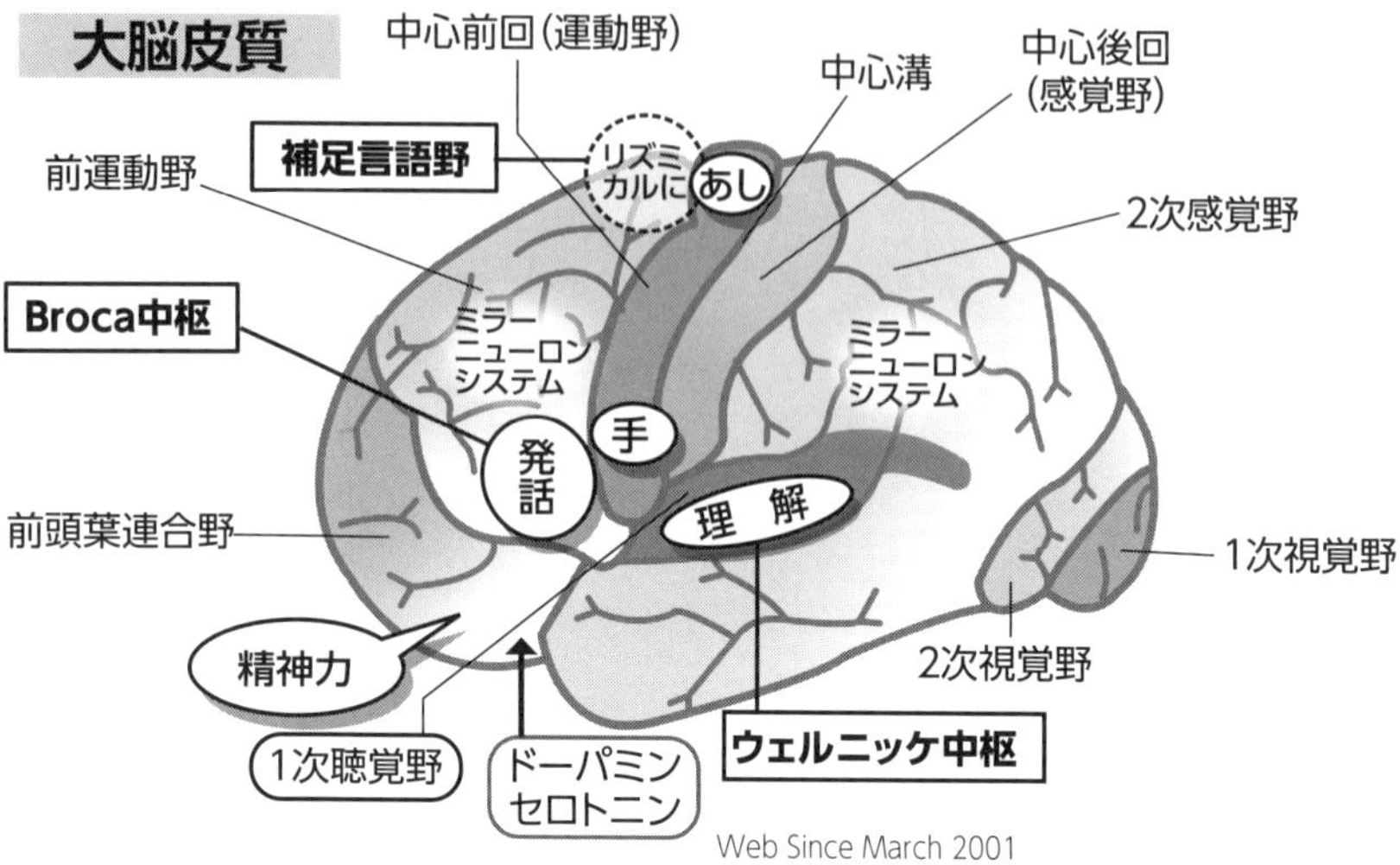

Web Since March 2001
アニメーションで見るビジュアル生理学より引用して加筆

難しいことではありません。「ゴミ、ポイしてね」とか「それ、ちょうだいね」という物の受け渡しから始めていきます。これを「手伝い遊び」といいます。「手伝い遊び」を通して、子どもはものへの認識力を高めながら、身辺自律の力や「生体の生活リズム」を身につけていきます。

ヒトの脳では、特に、前運動野と下頭頂葉において、そばにいる人と同じ表情をしたり、相手の感情を反射的にそのまま自分の脳に投影したりする回路を作り出すことができる「ミラーニューロン（人真似細胞）」がたくさん発見されています（図28）。

この細胞群は、ある一定のまとまりをもちながら連携して働き、相手の行動や表情を見てそれに同調したり真似したりしていくのに役立ちます。ことばやコミュニケーション能力の発達には、このミラーニューロンシステムの働きが大きくかかわっています。

しかし、このシステムの働きがうまく育っていないのが、自閉症スペクトラム症候群および軽度障害で、他人の表情や気持ちがわかりづらいのだという報告があります。

しかし、そういった子どもにこそ、根気よく大人から笑顔で向かい合って遊びながら、物・人・行為の関係を教えていくと、その行為の真似と共に、しだいに視線が合うようになったり笑顔の表情が出てきたりします。物を介して人との関係が楽しいと認識力も高めながらよく笑うようになり、それが多様化してくると、やがて音声模倣へとつながっていきます。

笑うことも親しい大人の真似からですから、人との関係はドーパミンやセロトニンが分泌されるような楽しく、安心できるものでなければ笑いも生まれてきません。

子どもが「もう1回やって。真似したい。やりたい」と思うように、大人がいかに楽しそうに遊んで見せるかがポイントです。大人が本当に楽しそうに笑っていると、子どもはその顔を見て、模倣します。

5　手の働きの発達

手の運動機能を育てることも大変重要です。手の働きは、適切な姿勢や構えをする粗大運動と手首や手指などの微細運動をうまくコントロールする2種類の運動の組み合わせから成り立ちます。微細な運動ほど、筋肉のコントロールは高度で、注意の集中も必要です。また、手は通常、目的もなく動かすということはしません。ですから、手が働いているときは、認識し、先を見通し何か目的をもってその動作をしているのです。

ところが、障害や発達の遅れがある子の多くが、手が不器用です。図29は手の弱さの表われ方です。たとえば、自閉症スペクトラム症候群やレット症候群の子どもに見られる、フィンガープレイや手もみや手叩きなど、手の働きが十分に育っていない状態があります。また、知的障害や軽度障害の子どもたちも、手が不器用です。

手の不器用さは、単に指先の問題だけでなく、肩や腕の筋肉の弱さ、ひじから手首の（回内と回外＝内がえしと外がえし）運動の弱さに原因があります。加えて、注視や目と手を協応させる力の弱さ、つまり、中脳をはじめとする中枢神経系の働きの弱さの表れでもあります。このようにさまざまな点で弱さがある状態では、指をそれぞれに1本ずつ分化させて働かせながら、上手に道具を使うことはできません。

筋肉にも発達していく順序があり、手は、肩・腕・ひじ・手首・指（小指側から親指に向かって）へと発達していきます。そこで、肩・腕を中心とする上肢の粗大運動と並行しながら、微細な手指の働きを育てる遊びを取り入れていきます。すると最初は不器用な手も、楽しみながら繰り返して練習すれば、やがて思ったように動かすことができるようになります。「好きこそものの上手なれ」、「繰り返しで上手になる」のです。これが手の働きの特徴です。

図29　手・腕の働きの弱さを克服しましょう

手の働きの弱さの現われ

からだを支える力が弱い

- ハイハイの運動時に手首が内側あるいは外側に向く。手指を伸ばして支えていない
- マット運動などで手がつけない。からだを支えられない

手首が弱い／握力が弱い

- 手首の回内・回外の動きが悪い。鉄棒にぶら下がれない。手首の返しが悪い
- 肩・ひじ・手首の柔軟性に欠け、指先に力が入らない

利き手と補う手の働きの未発達

- 左右別々の効果的な動きができない
- 利き手しか使えない
- 利き手が未分化

指先が不器用／触って知る働きが弱い

- 工作や折り紙が苦手。特定の物の触感を嫌がる
- 触知覚に過敏さがあり、物が持てない。床に手がつけない。感触にこだわる

道具がうまく使えない

- 道具を使う経験が少ない→はさみ・箸・鉛筆などを正しく持って使えない
- 目と手の協応動作が悪い
- 握力のコントロールが難しい

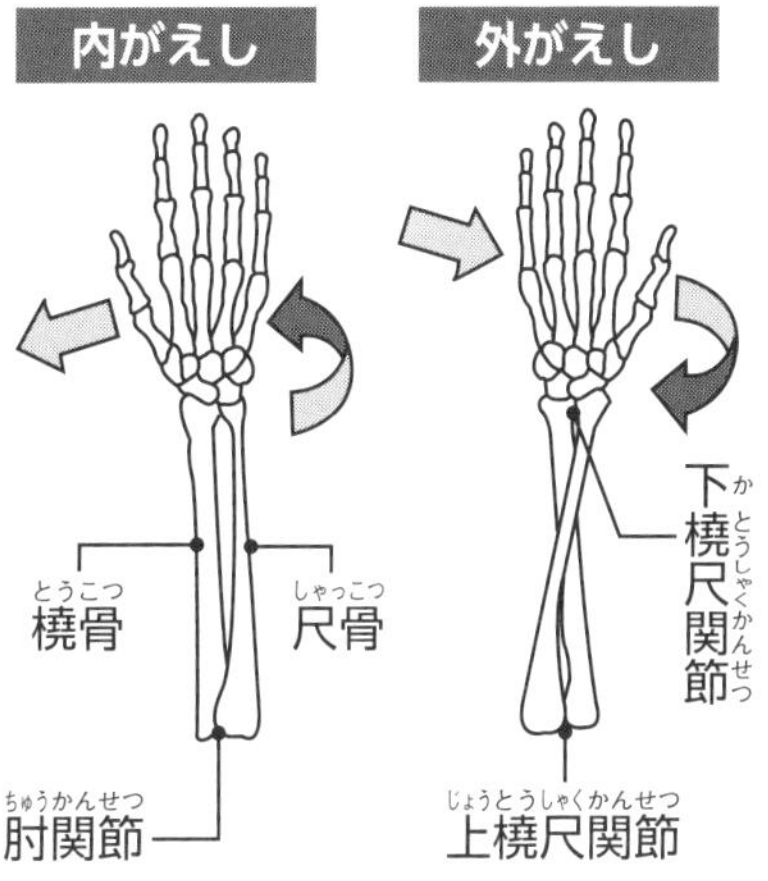

子どもが「やってみたい」と思うような行為が手本として目の前にあることが、手を使う遊びには特に必要です。子どもは大人が楽しそうにしていることをやりたがります。大人がそばで手本を示しながら一緒になって楽しさを共有していると、真似しながら根気よく続いていきます。

また、実はからだを両腕で支える這う運動が、手の働きを育てます。特に、からだを支える際に指先をまっすぐ伸ばし、前を向いて這うことが大切です。「握る」・「打つ」・「振る」・「押す」・「引く」・「からだを支える」などの運動は、広い意味で抗重力筋の働きによるものです。その抗重力筋の運動に、肩や手首の柔軟さと視知覚による空間認知の働き、それに先を見通す力が加わり、手は初めて物を操作することができるのです。

6 ことばの発達

ことばが話せるようになると、人間関係がスムーズになり、不自由が一段と軽減されます。どの子もコミュニケーション能力を高めていくことが必要で、私は、ことばを獲得するための五つの原則的な条件をつぎのように提案しています（図30）。

ことばを獲得するための五つの原則的な条件

❶脳の発達――脳の中で「言語中枢」と呼ばれている各部位の発達とそれらのネットワークの

図30　ことばを獲得するための五つの条件

①脳の発達	●眠りと活動を中心とする「生体の生活リズム」の保障
②呼吸・発声・構音器官の発達	●笑いを豊かに。リズミカルな運動 ●咀しゃく力を高める
③手・あしの運動機能の発達	●手押し車やハイハイ・歩くなどの運動をたくさんする
④認識力の発達	●楽しい・おもしろい経験の積み重ね ●模倣力を育てる
⑤「話したい」・「聞きたい」欲求	●楽しい交流 ●笑顔で楽しい向かい合い

形成が不可欠です（図31）。脳は、睡眠と活動が適切に毎日繰り返されることによって発達しますので、脳の構築と代謝を促す「生体の生活リズム」を守り育てることが、発達の土台となります。

❷呼吸や摂食器官の発達――口・舌・喉などもともと呼吸と食事のために必要な器官を、ヒトだけが、発声・構音（音をつくりだす）器官として使って、ことばを生み出しました。ですから、よく笑って、よくからだを動かすことができる呼吸器官の発達と、ヒトの特徴である雑食性（穀物・肉・魚・野菜など何でも食べることができる）を活かし、咀しゃく力を高めることが大切です。

❸あしと「手」の働きを中心とした運動機能の発達――発話も舌や口唇や声帯などの細かな筋肉の運動の組み合わせです。ハイハイをする

時にしっかりと前を向いて力強く這う運動をした子どもは、肩や首の筋肉の育ちもよく、発声・構音器官も発達していきます。また、大脳における「言語中枢」の発達においても、あしと手の運動機能の発達は重要な足がかり的役割となります。

❹楽しい・おもしろい経験と共に育つ認識力の発達——ことばは脳の発達の順序性からいっても、一般的に理解の方が先に進んでいくようです。子どもが「もう1回、もう1回……」と繰り返し要求する楽しいことは、模倣力や認識力も高めます。それがやがて、音声模倣から発語へとつながっていきます。

❺「話したい・聞きたい」という意欲・欲求の高まり——一緒に笑い合う楽しい関係が多いと、相手に「話したい・話を聞きたい」という気持ちが高まります。ことばは、発する側の「伝えたい」気持ちと受け取る側の「受け止めたい」気持ちが一致した時、やりとりが成立するのです。笑顔が多く口数は少なく、かつ聞き上手で話し上手な大人であり、また大人同士のことばのやりとりも楽しさを示す手本であることが望まれます。

図31のように、ヒトの大脳は、ことばに関しても、それぞれその働きを担当する場所がある程度決められています。これを大脳の「機能局在」といいます。ですから、ことばを理解し話せるようになるためには、脳の言語中枢の発達が不可欠です。しかし、言語中枢は、視覚や聴覚のように生まれてからまもなく機能し始めるものとは違い、刺激を受けながらその有用性に基づいて、次第に構造化と機能化が進められていくものです。したがって、仮にその予定箇所になんらかの

図31　大脳皮質の4カ所の言語中枢（右大脳半球上部および側面）

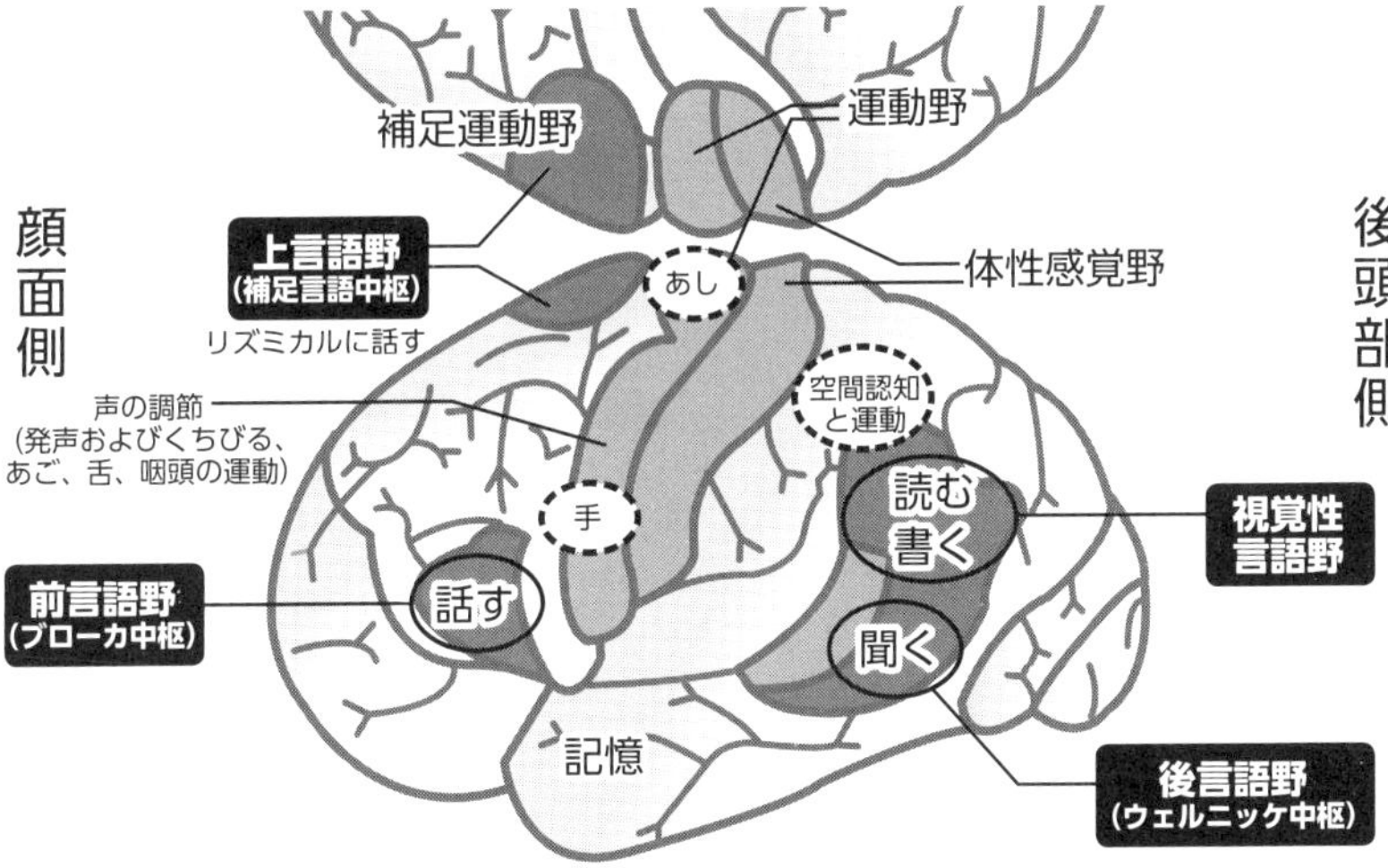

不都合が生じた場合には、予定地を変更して、別の場所につくることがあることもわかっています。

4カ所の言語中枢

言語中枢に関しては、以前から4カ所の中枢部が知られています。

1カ所目は、前頭葉「ブローカ（Broca）中枢」（＝前言語野）と呼ばれているところで、ことばを話す働きの中枢部です。

2カ所目は、前頭葉の前運動野上部にある補足言語中枢（＝上言語野）で、ことばをリズミカルに滑らかに発することができるようになるための働きを担当する部位です。

3カ所目は、側頭葉の「ウェルニッケ（Wernicke）中枢」（＝後言語野）で、ことばを聴いて理解したり、文字などの記号化したものを一度音声化して理解したりするところです。

最後の4カ所目は、頭頂連合野の視覚性言語野で、文字を読んだり書いたりする際に中心的に働く部分です。

ここで重要なことは、大脳の発達の順序性と、これらの言語中枢といわれる部位の隣接箇所の運動機能の発達です。

まず、ことばは理解が先に進みます。日常生活のなかで繰り返し耳にすることばを場面に応じて理解し、その後、発する側の「伝えたい気持ち」と受け取る側の「聞きたい気持ち」が一致した時に、初めて意味のある発語となり、ことばを覚えやりとりが進んでいきます。

「ブローカ中枢」は「手」の働きを担当する運動野に隣接し、「補足言語中枢」は「あし」の働きを担当する運動野と隣接するように位置しています。さらに、視覚性言語野は、手や足の協調運動の際に重要な役割である空間認知を担当する領域ですが、さらに脳の機能を高次化させ、読字・書字機能としても活用できるように進化してきました。

このように手が器用に働くことや、丈夫な足腰と手足のリズミカルな協調運動が上達することによって、言語中枢も活性化されやすい状態になっていくと考えられています。

繰り返しになりますが、言語中枢は最初から完全な形で機能するわけではなく、成長過程でその機能を発達させていくものであると考えた方が適切だと思います。手指が最初から器用に働くように用意されているわけではなく、目的をもって意識的に何度も繰り返し「手」を使っていく

図32　言語中枢に対する考え方（脳の大規模ネットワーク）

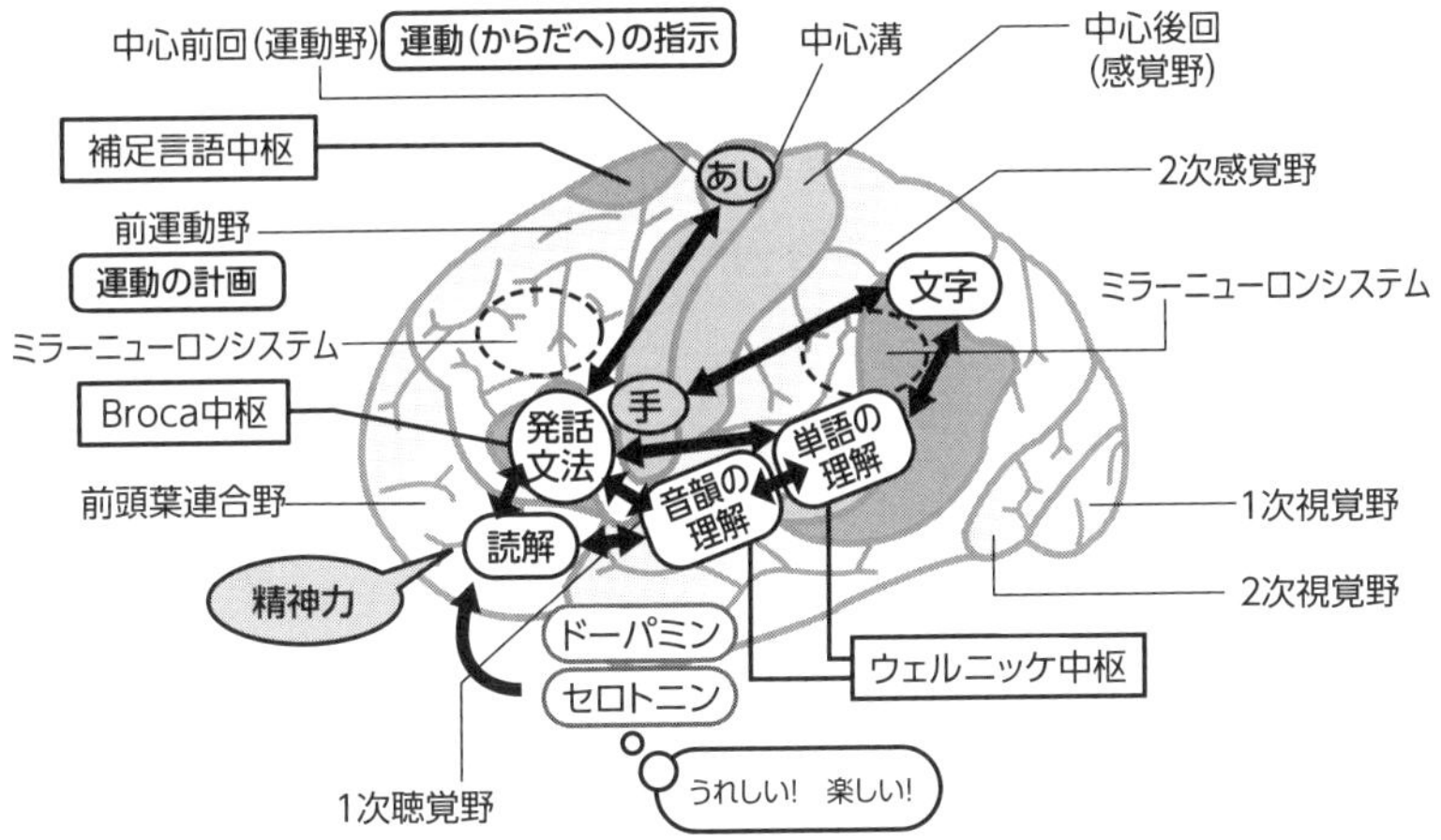

過程で器用さが育つのです。それは手指の働きを担当する大脳の運動野と感覚野が効率的に働くように、前頭葉の前運動野で運動の計画を立てながら前頭葉全体を発達させていく過程と似ています。

最近の研究では、脳が全体として連携し合って働くネットワークの存在が重視されていて、言語中枢だけでなく、それ以外にも多数の領域がかかわっていると考えられるようになっています。これを「言語処理のモジュール（構成要素体）構造」と呼びます（図32）。

このモジュール構造を成長・発達の過程で何度も作り変えることによって、大脳は再構築され、ことばの働きも高次化するのだと考えることができます。

たとえば、聴覚野のある特定の部位が単体で音声処理にかかわっているのではなく、身体感覚や運動機能、記憶や感情・情緒など脳のほとんどの部位が、大なり小なり相互に連絡をし合って言語理解を成立させていると考えられます。また発話の際には、「何をどう話せばいいのか」と考えながら話をします。通常、過去の記憶と照らし合わせて、自分の感情を出しつつ、話し相手が何を考えているかなども考慮しながら話しているからです。

さらに、文字を書いたり読んだりするためには、多くの視覚や聴覚情報から必要なものを選び取るという高次の情報抽出の機能が必要で、選び取った情報を声帯や舌などの構音器官で音声化し、手・指などを複雑に動かして文字言語にする必要があります。脳のほとんどの部分がなんらかの形で言語機能に関与しているといっても過言ではありません。

ヒトの言語機能が他の動物と比べものにならないほど優れているのは、人体の大規模ネットワークによるものだと考えることが妥当でしょう。まさにことばは、育ちの総合力なのです（57ページ参照）。

また、発話を促す大きな動機となるのが情緒です。情緒に関しては、ドーパミンやセロトニンの分泌を促すような快の情緒の出現が、特に重要です（69ページ参照）。子どもの「アーウー」という発声にも周囲の大人が喜びながら意味づけをし、ことばを返しながらやりとりを楽しみます。この楽しい繰り返しが、大脳の働きを活発にし、模倣力とコミュニケーション能力・発話力を高めていきます。

7　遊ぶ力の発達

その子の発達の状態は、遊ぶ力がどう育っているかを見るとわかります。ことばは育ちの総合力と言いましたが、遊びもまた育ちの総合力の表われだと言えます。それはまた、発達の前提条件となる楽しく向かい合う関係にある相手の存在が、非常に大きな鍵を握っているという点でも共通しています。

「話をしたい。聞いて欲しい」と思った時に、それを聞いてくれる人がいるから話をするのと同様に、大好きな大人がしていることを「真似てやってみたい」と思うようなワクワクする楽しい・おもしろい体験や手本があるから遊びが成り立つのです。

つまらなそうな顔をして遊ばせていたり、上の空でそばにいるだけだったりする場合は、「一緒に遊んでいる」と子どもは思いません。遊ぶ力もまた、快の情緒の交換、つまり笑いの交流と、一緒にやって共感したいという欲求から育っていくのです。

でも、「一人で遊んでくれない」という相談や、「何をして遊べばいいのかわからない」という質問が後を絶ちません。一人で遊ぶことが大事なことなのでしょうか。障害があるとたとえ親子であっても、わが子と一緒に楽しめることを見つけ難いのです。なぜなら、障害が重ければそれだけ、脳の働きの弱さから、笑い、模倣、認識、ことばの獲得と身体活動に困難があり、一緒に遊ぶという感覚をつかみづらいからです。だからこそ、大人の笑顔となんでもないようなことで

図33 遊びは子どもの発達を促す

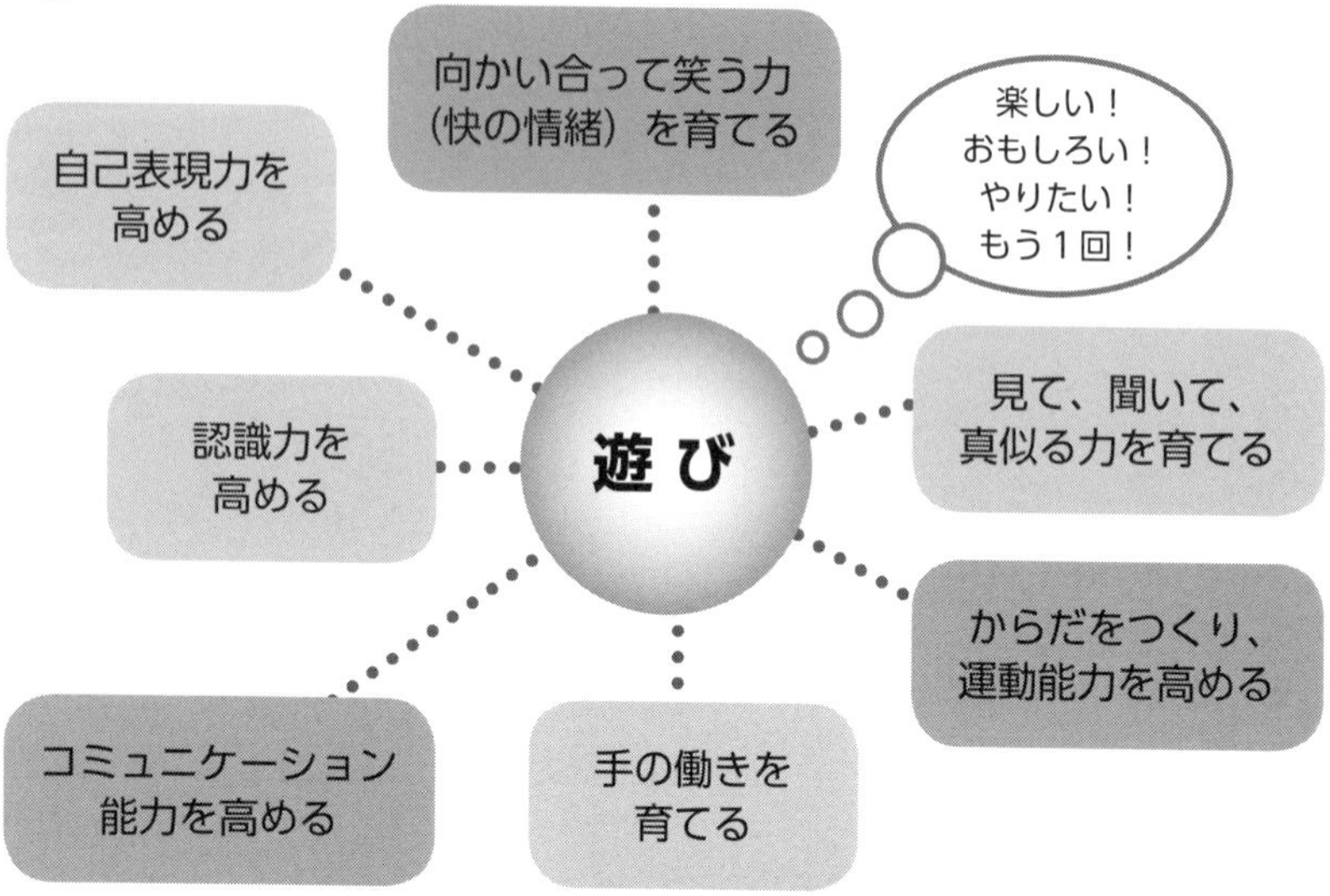
向かい合って笑う力（快の情緒）を育てる
楽しい！
おもしろい！
やりたい！
もう１回！
自己表現力を高める
見て、聞いて、真似る力を育てる
認識力を高める
遊び
からだをつくり、運動能力を高める
コミュニケーション能力を高める
手の働きを育てる

も遊びとして子どもの活動を一緒に楽しむ力が要求されるのだと思います。

遊びを通してさまざまな力の発達が促されます（図33）。子どもの表情の変化に気づき、快の情緒を育て、発達要求に応えていくことができる、こころのことばが聞ける大人でありたいものです。

子どもにとって、生活と遊びの区別はありません。また、運動も手伝いも認識学習も、みんな遊びから始まります。大人が笑顔を絶やさず一緒に遊ぶと、子どもは不自由があっても見る力、聞く力、真似する力、声を出す力などを総動員して、顔を輝かせて応じます。

大人の楽しそうな姿を、子どもは最初きょとんとした表情で、しかし、チラチラと見ています。それを何度も繰り返すと、「今度は何をするのだろう」と一層見てきます。もうそれはすでに、一緒の遊びが始まっているのです。

人が感じる最大のストレスは、孤独感だといわれています。障害があるとさまざまな不自由と不利が生じますが、なかでも、「遊んでもらえない」「うまく遊べない」という孤独感は、その子のその後の人生に大きなマイナス要因となってしまいます。遊ぶ力も、自然と遊べるようになっていくものではなく、育てられて、やがて自分の楽しみの一つとして、生活に豊かさを与えていきます。どんなに障害が重い場合にも、仲間と一緒に遊ぶ力を育てていって欲しいと思います。

遊ぶのにはまず相手が必要です。相手となるのは親しい大人からです。障害児の保育・教育に携わる人やその親御さんたちには、ぜひ子どもから笑顔が引き出せる遊び上手になって欲しいと思います。遊ぶ力を育てるための六つの原則があります。どの項目も大切で必要なことです（図34）。

❶愛着と信頼関係による安心感が、相手とかかわって「遊びたい」という発達要求を引き出します。大人から視線を合わせ、笑顔で向かい合います。安心感のなかで楽しいやりとりが始まりますし、楽しくなければ「遊び」とはいえません。

❷遊びを通して脳とからだをつくり、障害児の発達課題である直立と直立状二足歩行、手の働き、ことばと認識力、精神力、自律性と自立性などのヒトの特徴的能力を育てます。

❸大人自ら楽しみながら遊びをリードすることが、結果的に子どもが真似たくなる楽しい・おもしろい手本となります。「遊ばされ屋・やらされ屋」ではない主体的に遊ぶ力を身につけてい

図34 遊ぶ力を育てるための六つの原則

①笑顔
- 目を合わせてニッコリ
- 安心感　●愛着　●信頼関係

②ヒトの特徴を育てる
- 直立姿勢を育てる遊び
- 直立状二足歩行を促す遊び
- 道具を使用する手の働きを育てる遊び

③一緒に遊ぶ
- 大人自ら楽しみながら
- 正しく手本を示しながら
- 笑いを交換し合いながら
- 大人の真似をさせながら

④発達要求
- 知的好奇心を満たすように
- 「やりたい」「もっと！」「できた！」
- 瞳が輝くように

⑤1日4回
- 朝食前の散歩　●午前は発達課題
- 午後は仲間と楽しく
- 夜は這う運動

⑥できばえが問題ではない
- できることを楽しく、「もう1回！」
- 試行錯誤が大切
- 結果・成果を求めない

きます。

❹子どもの発達に応じた遊びをしながら発達要求や知的好奇心を満たしていきます。その際、発達の最近接領域をおさえるようにします。仲間（相手）との差や違いを感じ、「できること」を切磋琢磨《せっさたくま》し合って繰り返すうちに、「できる」「わかる」ようになる遊びを展開すると、より効果的です。

❺毎日（1日4回）の遊びを充実させます。脳や代謝の働きに応じた時間帯にしっかりと遊ぶ。いつ・どこで・何を・どんなふうにして遊ぶのかで、効果が違います(98ページ図38参照)。

❻結果・成果・できばえが問題ではありません。遊びも学びもその過程自体や充実感が大切です。遊びへの期待感が脳の働きを活性化し、根気よく積み重ねることがやがて発達的変化を生み出します。

図35　家族の一員として、家事労働の手伝いをさせましょう

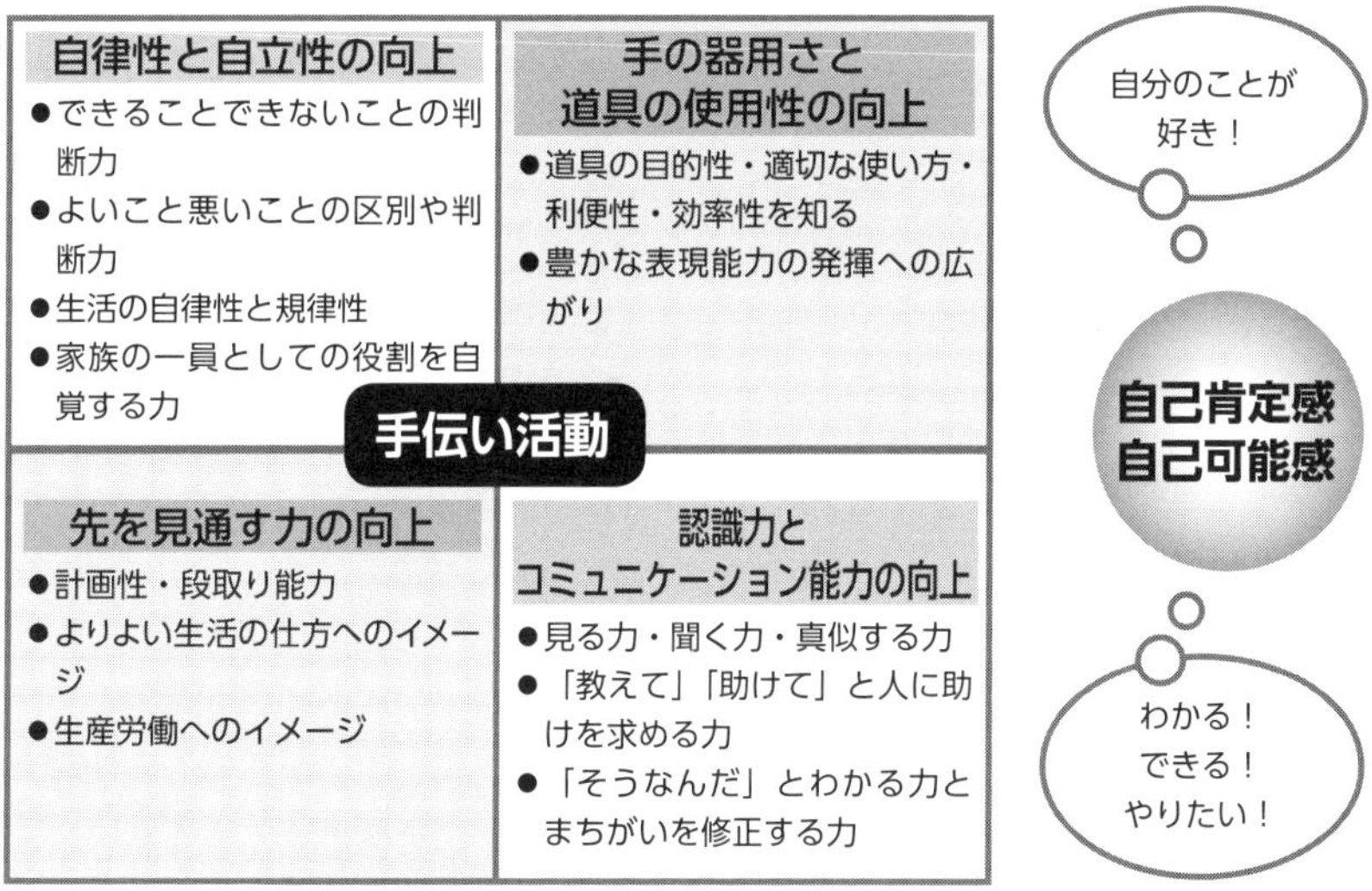
自律性と自立性の向上
●できることできないことの判断力
●よいこと悪いことの区別や判断力
●生活の自律性と規律性
●家族の一員としての役割を自覚する力
手の器用さと道具の使用性の向上
●道具の目的性・適切な使い方・利便性・効率性を知る
●豊かな表現能力の発揮への広がり
手伝い活動
先を見通す力の向上
●計画性・段取り能力
●よりよい生活の仕方へのイメージ
●生産労働へのイメージ
認識力とコミュニケーション能力の向上
●見る力・聞く力・真似する力
●「教えて」「助けて」と人に助けを求める力
●「そうなんだ」とわかる力とまちがいを修正する力
自分のことが好き！
自己肯定感
自己可能感
わかる！
できる！
やりたい！

手伝いも遊びから

遊びと手伝い活動とは、本来は異なる性質のものですが、子どもが幼いうちは特に、親しい大人との間で行なわれる遊びから始まります。親しい大人への愛着と憧れが強くなると、大人の真似をして、家事労働などへ参加したがる姿が見られるようになっていきます。

実際はまだ役に立つような手伝いにはならず、遊びの要素の方が強いのですが、子どもは喜んで家事を手伝いたがる時期があります。この時期を逃さないことも大切なのですが、時期がよくわからなかったとしても、毎日の生活の中に、手伝い活動を位置づけましょう。生活はルーチンですから、手伝い活動も繰り返しで覚えていきやすいのです（図35）。

手伝いは、大人の生活や仕事に直接的に参加

して、やがて役立っていくことです。楽しく遊ぶという感じがうまくつかめない人でも、生活のなかで自分がしていることに少し時間の余裕をもって、笑顔で子どもにその姿を見せることからなら始められるのではないでしょうか。

日常生活の中でも工夫をすれば、子どもと一緒にできることはたくさんあります。大人の精神的・時間的余裕と、工夫して楽しむアイデアや発想の転換など知恵の見せ所です。例えば、見る参加（見せて手伝いの気分を味わわせる）は手伝いのはじめの一歩です。

もし、子どもが手を出す素振りをみせた時は、その機会を逃さず、笑顔で教えながらやり方を真似させていきます。子どもの気持ちに寄り添って、できそうなことを大人と共にやっていきます。食器の手渡しや片付けから、簡単な調理の手伝い、やがて買い物の手伝いなど、生活に結びついた仕事へと高度化していきます。

できること・わかることが増えていくと、子どもが自分でよし悪しを判断していく自律性や、家族の一員としての自覚も育っていきます。

いろいろなことができたりわかっていたりしても、微細な手の働きがうまくできない場合や、仲間とのコミュニケーションがスムーズに取れないケースでは、仲間に自分のよいところを認められる経験が少なくなって、自己肯定感も低くなりがちです。

家庭では、家族の一員として、できることを役割として与えられ、失敗や試行錯誤と成功を繰り返しながら、よく笑い、コミュニケーション能力を高め、自己可能感をもてる人に成長して欲しいと願います。

3 発達のみちすじをふまえ、発達課題にとりくみましょう

1 発達のみちすじ

発達のみちすじは、生まれ育った国や性別が違っていても、障害がある子もない子も同じです。ヒトとして生まれたら、立ち歩き、ことばを獲得し、社会の一員として生きていくというヒトの能力を育ちの中で獲得していくプロセスは同じなのです。

私は、子どもの発達のみちすじを大まかに、「愛撫期」・「自律期」・「自立期」・小学生以降を「青少年期」と分けて考えています（図36）。障害児も発達のみちすじを正しくたどって保育・教育などにおいて指導をしていくならば、発達していくことができます。

障害があると、その時期の能力の獲得に困難があって時間がかかり、多くの手立てを必要とします。

障害の軽減・克服には、もちろんどの時期においても発達の保障が大切なのですが、特に障害がない子どもの6歳頃までの発達を保障していくことが、その後の障害の固定化を防ぐためにも重要です。

図36 子どもの発達のみちすじ

愛撫期（乳児期）……………大人に守られながら育つ

- ●あやし遊び期（〜6カ月頃）
  大人にあやされて目を見て笑う
- ●ゆさぶり遊び期
  大人にからだを動かしてもらいながら遊ぶ

▼

自律期（1〜2歳代）…自分でできることが増える

- ●手伝い遊び期
  大人の真似をしながら遊ぶ
- ●並行遊び期
  大人の仲立ちで他の子どもと遊ぶ

▼

自立期（3〜5歳代）……………仲間とともに育つ

- ●ごっこ遊び期
  子ども同士でイメージを共有しながら遊ぶ
- ●劇遊び・役割遊び期
  子どもたちで組織的に遊び始める

▼

青少年期……………からだをつくり、学び、育ち合う

- ●学童期（小学生）
  さまざまな運動・遊びを仲間と一緒に楽しむ
- ●青年期（中・高校生）
  教科学習や文化やスポーツ活動を主体的かつ自治的に楽しむ

障害児に共通している育ちの弱さは、ヒトの特徴的な能力の獲得において現われます。それはその能力の獲得過程のそれぞれの時期に、必要な力を十分に身につけないまま、つぎの発達課題にとりくんでしまったために起こった事態や、誤った方法によって不適切な力の用い方をした結果が修正されないまま定着した状態と考えています。

とりわけ、障害が重症化している場合ほど、生まれてからおおむね3歳頃までの発達に遅れを生じていますから、その子が生きてきたこれまでの生活年齢を大切に考慮しながらも、うまく獲得できていない発達課題に根気よくとりくみ、その能力を獲得しさらに高めてつぎの発達課題にとりくんでいくことが重要です。

たとえば、肢体不自由がある子ならば、首のすわりから立ち・歩くまでの姿勢と移動運動の獲得に必要な抗重力筋の発達のみちすじをどう保障していくかが重要です。また、視線を合わせてやりとりをして笑う力が弱い子には、愛着と笑い声の獲得の過程を考えていきます。あるいは、ことばをまだ獲得していない場合には、ことばを話すための条件とその発達のみちすじをどう保障していくかが鍵を握っています。手の働きや認識力や遊ぶ力も同様です。

乳幼児期の子どもはどうやってヒトの特徴的能力を身につけていくのか、課題ごとに正確に理解していることが必要です（47ページ図14参照）。

障害がある子の育ちは、単に発達が遅いというだけではありません。多くの場合、年齢が上がるにつれて、その生活年齢やからだの大きさと、身についている能力との間にアンバランスが生じてしまっています。また、さまざまな能力の獲得にも凸凹が見られます。

そのうえで、障害があるその子が今現在、どんな能力の獲得に不自由があり、発達のみちすじのどの時点にあって、発達的変化に至らない困難を抱えているのかを分析し、理解することが重要なのです。発達のみちすじがわかれば、後はどう手立てをとるかの問題になります。

図37には、発達課題を獲得するために必要な、脳・姿勢と移動運動・構音器官・手・ことば・遊びがどのような順序をおって発達していくのかを大まかに示しました。これを見るとわかるように、脳・からだ・精神活動は相互に影響し合い、それぞれの働きや能力をつくりながら、遊びなどのいくつもの力を総合させた全体像となって現われます。簡単に「〇歳くらいの発達である」とか、「運動には問題ないけれども、ことばの発達が遅い」など、一部を取り出して評価するの

図37 育ちを分析的かつ総合的に捉える

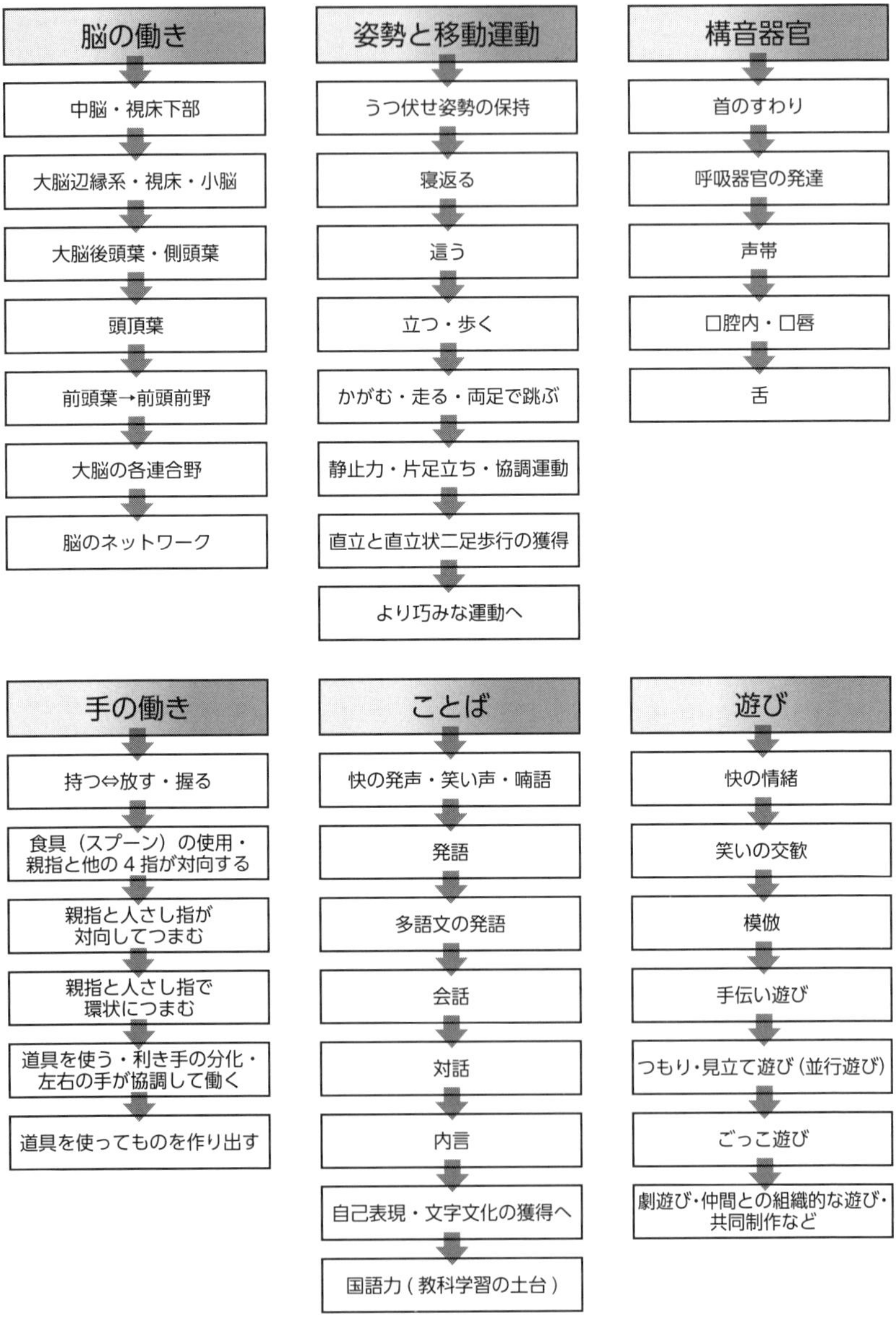

は適切ではないことが理解できると思います。

発達の理論を目安にしながら、子どもの発達をミクロ的あるいはマクロ的に正しく捉え、困難な状態を取り除くための課題は何かを理解していきます。

こうした視点や実践する力が、今の障害児保育・教育に欠けていると思っています。

2　発達課題にいつ、どんなふうにとりくむのかが大切です

今の日本の障害児保育や教育の現場を見てみると、療育といわれている場でさえも、子ども一人ひとりの発達課題を十分に検討したうえで行なわれているとは言い難いのが現状です。

確かに個別の支援計画はありますが、それは、そこでやれる支援の目標や内容が書かれているだけで、子どもの発達課題が何で、それに対してどういうとりくみが必要で、誰がいつどんなふうにとりくむのか、家庭と協力してやるべきことは何なのか、これらのことがとてもあいまいだと思います。

その子の発達の状態を見極めて、今後どんな手立てをとっていけばより発達して、不自由を軽減していくことができるか、こうした見立てが正しく行なわれていない場合が多いのです。

一方では、支援の項目については、いわゆるプログラム化が進んでいます。保育所や学校あるいは支援事業所では、入所時間から退所時間、導入からその日のメイン活動（課業）、排泄・衣

図38 発達課題にいつ、何を、どんなふうにとりくむのか

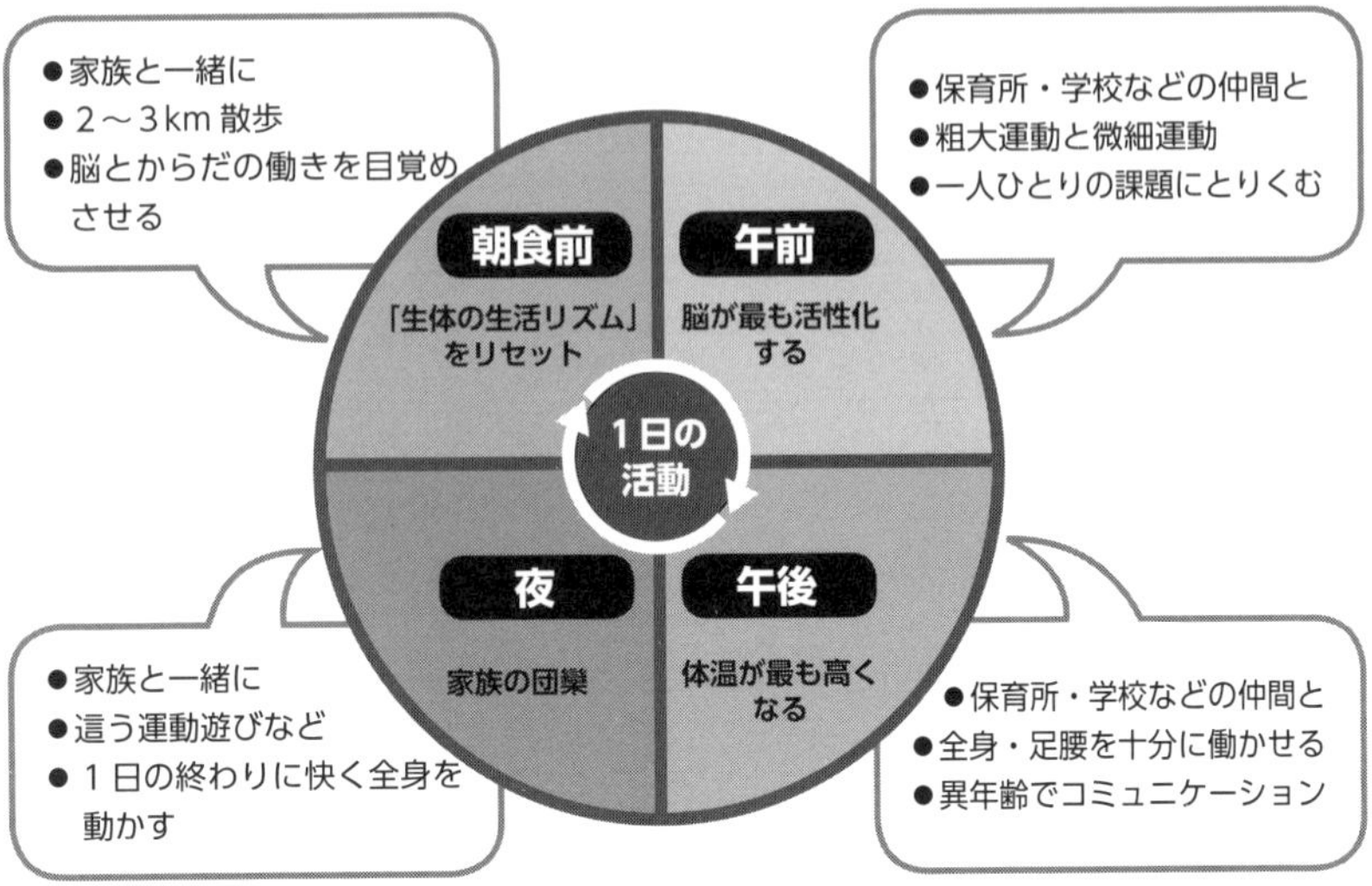

服の着脱・食事・休憩など、開始と終了の儀式にいたるまで、ほぼ決まっています。

課業でさえも、極端な言い方かもしれませんが、どの子にも当てはまる表面的な支援内容をこなしていくために、形骸化した内容になってしまっているように思います。

子どもと向かい合って「今していることに何の目的と意味、効果があるのか」を実感しながら、一緒に楽しんでいるのか、子どもの力を引き出すことができているのかを見定めながら、指導に当たっているのかどうか、疑問に思うことがあります。

障害児保育・教育の世界に、「個性の受容」や「支援」とか「サービス」ということばが使われるようになってきてから、それを一層強く感じています。現状を変えて積極的に変化を遂げさせていく指導を求めるのは無理なのでしょ

うか。

　子どもは1日の生活と遊びを通して発達していきます。1日24時間の生活にはリズムがあり、それぞれの時間帯に適した活動があります。障害がある子たちは、その脳・からだ・こころの成長・発達を促すために、いつどのような活動をするのかが大変重要です（121ページ参照）。図38は、家庭と協力した1日4回の遊びの提案です。

3　実践のなかからアイデアとつぎの課題が見えてきます

　大人の笑顔を通して、子どもが信頼を寄せ始めると、もう「イヤ！」と拒否をしなくなり、少し相手の様子やことの成り行きを見られるようになります。やがて、その子なりにできることやわかることをやり始めます。もっとも、「イヤ！」という意思表示ができることも、大事な自律性の育ちの一過程であることも忘れてはなりません。

　しかし、いやがることを無理してさせるのは、原則としてよくありませんから、仮に拒否や不快が続くようであれば、その原因や背景となっているものを、取り除くことが必要です。原因が、対人関係や課題設定にあるならば、修正はいくらでも可能なはずです。

　基本的に快の情緒で向かい合う関係がつくれていれば、子どもはその課題に無理がない限り、大人の真似をしてやってみようとしますし、おもしろそうなことや楽しそうなことはやりたがるもの

図39　実践を通して子どもから学びましょう

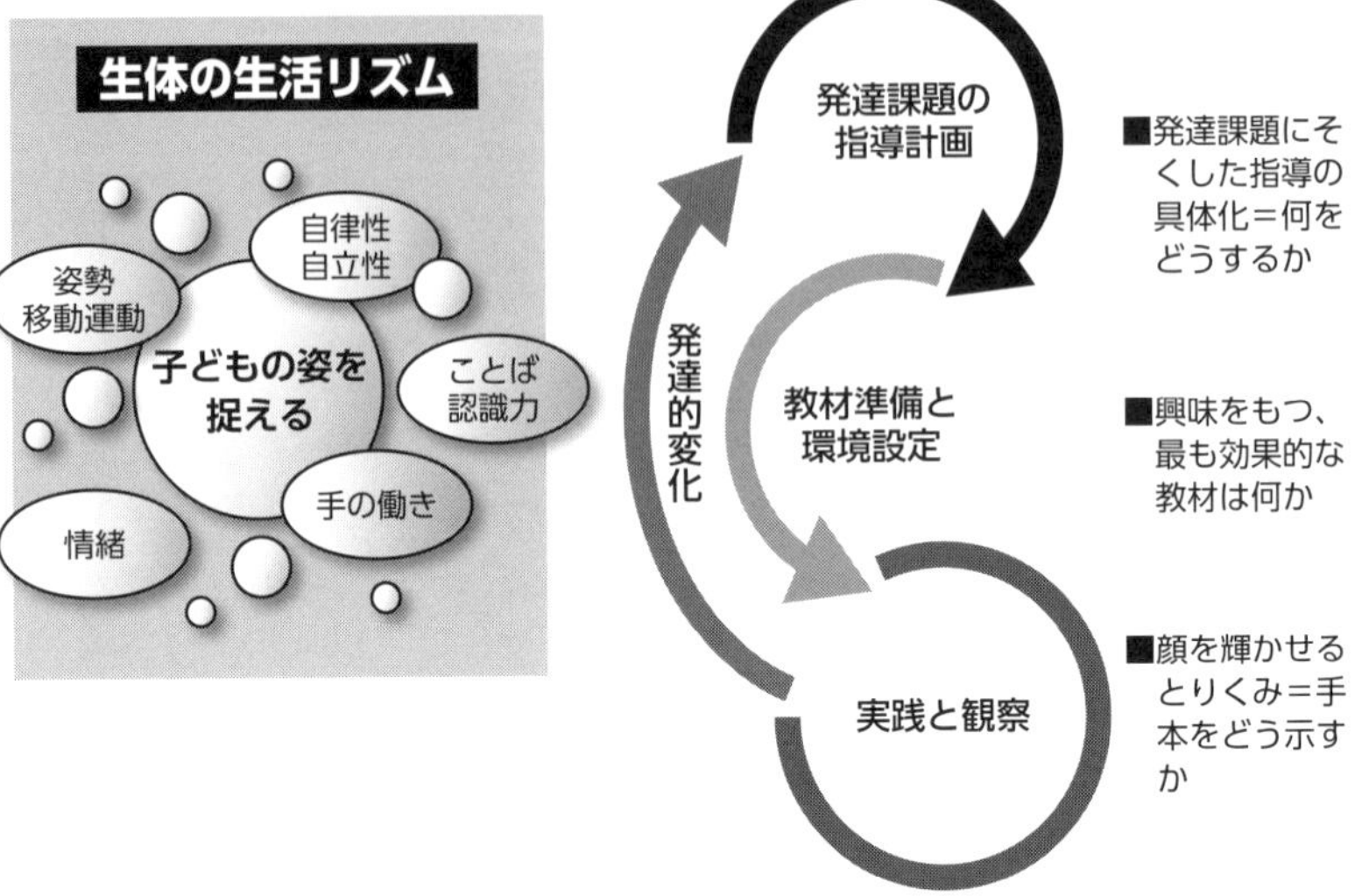

です。

また、大人の期待にも応えようとします。不快から快へ、「イヤ！」を少なくし「もう1回」を増やしていくために試行錯誤することが、実践を通して子どもから学ぶべき内容だと思います。

「何をすればいいでしょうか」という即効的療法を求める質問が、先生たちからよく出されますが、即効的療法というものはありませんので、その際は、基本的な障害児の発達課題について話すようにしています。

発達課題を具体化して実践していくのが、現場の専門家としての役割で、子どもの様子を一番近くで見て知っているのは、現場の先生たちだと思うからです（図39）。

私は、現場の先生たちのアイデアあふれる実践力に、とても期待しています。子育ての科学と発達論に基づいた、発達課題と「発達の最近接領域」を正しく捉えて、発達を保障していくチャレンジが重要です。「発達の最近接領域」とは、他の子どもと一緒に育ち合いながら、最も無理のない状態で課題を身につけさせていく時の、指導内容の範囲を言います。障害がある子にも、仲間の存在は、とても大切です。

その際「動きが形をつくり、動きと形が能力をつくる」という、脳の可塑性と発達の大原則を再認識しながら、今できる力を楽しく発揮させ、そこに少しだけ変化を加えて充実させる工夫をし、実践を積み重ねることがポイントだと思います。「これはどうかな」「今度はこれをやってみようか」と、笑顔で目を輝かせる先生たちに誘われて、子どもは発達要求にしたがって動き始めます。

第3章

毎日の生活に科学的視点をもちましょう

私は、保育所の園長を務めているので、多くの親御さんと定期的に面談をする機会があります。保護者・担任保育士・園長の三者面談では、家庭の子育てで困っていることや心配なこと、保育所での子どもの様子と発達についての報告、それぞれの要望や意見交換などが主に話し合われます。

園長になってからもう13年経ちますが、この10年余りの間に、保育所では子育て支援と障害児の受け入れが進んできました。子どもの出生率が減り続けている一方で、軽度障害を含む障害児の数は増えています。

障害があるともないとも言えないけれど、小学校での集団活動に適応した行動がとれるかどうか気になる（ちょっと心配な）子も増えています。子育て支援や0・1歳児の保育の現場を見てみると、もうすぐ1歳の誕生日を迎えるというのにまだハイハイをしない子や、もうすぐ2歳なのに指差しと発声のみではっきりとしたことばを発していない子がたくさんいて、それについての保育士からの相談が増えています。

そのような保育の現場の心配をよそに、保護者の方はあまり心配をしていない人が多いように思います。よく言えば子育てに楽観的でマイペースなのですが、子どもを産み育てる環境や生活の組み立てに無知や無関心なのではないかと心配になってしまいます。

その一方で、子育てに自信がなく、わが子の発達が順調かどうか気になるし、専門家（職）の言うことは積極的にとり入れて、子どもにとってよいと思われることならなんでもしたいと思っている人たちもたくさんいます。二極化していると思います。

しかし、子どもに育ちの遅れや障害があるとわかってからも、それまで通りの大人の生活スタイルを続け、子ども中心の生活へと変えることができない人、子育てを助け合う仲間として互いに相談などをし合う関係を築いていくのが難しい人たちが実に多くなっているのも事実です。

私は子育てが危機的状態に陥っていないか、危惧しています。子どもの発達保障に力を注げない社会はその持続的な存在が危ういと考えているからです。

私は、子どもに障害があるなしにかかわらず、子育てには、発達と生活の科学が必要だと考えています。発達と生活の科学に基づいて子どもたちを保育し、笑顔の多い満足した１日を保障するよう努力して欲しいと思っています。

たとえば、ダウン症候群の子どもなどは、21番目の染色体の異常によって全身の代謝活動（筋肉代謝・脳代謝・エネルギー代謝など）に弱さを示します。代謝の働きが弱いと、活動と眠りの繰り返しがうまくいかず、発達にも影響が出てきます。代謝活動がうまく行なわれているかどうかを見る手がかりの一つが体温です。染色体異常や血液循環が悪い状態にある場合には、1日を通して低体温で、運動も不活発な状態になりやすくなります。すると、水分代謝も悪くなりがちで、幼いうちは、普段からあまり水を飲みたがりません。

そういった場合には、早寝・早起きを中心とする「生体の生活リズム」を身につけさせ、朝食前の散歩を実行し、朝ごはんをしっかり食べる習慣を身につけていくと、午前中から体温が上がっていって、午前と午後にそれぞれ高い集中力と活動の力を発揮できるようになります。

近頃は、「現代型栄養失調」ということばもよく耳にします。この飽食の時代に、親の厳しい生活・労働条件のなかで「生体の生活リズム」が整えられず、個食や朝食の欠食があったり、脳や摂食器官の働きの弱さから少食や偏食などになったりするという指摘ですが、障害がある子は特に食事の問題を抱えています。

また、自閉症スペクトラム症候群の子どもたちに見られる多動や常同行動などは、一見よく動き回っていたりよく集中していたりするかのように見られがちですが、正しい運動の消費にはなっていないことが多いので、発達と生活の科学の視点から捉えておく必要があります。

起床時と就寝時、登園（登校）時と降園（下校）時など、ある活動の前とその後などで、姿勢の違いや身長の変化を測定してみると、その日の活動が適切であったかどうかを確かめることができます。

身長は朝起きた時が最も高く、夜寝る前には１・５～２・５㎝くらい低くなっていると、ちょうどいい活動が行なわれたと判断できるのです。加えて、注意して正しい運動を身につけることを心がけると、姿勢も変化していきます。さらに、１日が満足していたなら寝かしつける必要もないほどすぐに寝ついてしまいます。

① 毎日の生活が、脳・からだ・こころの働きを変えていきます

１　代謝の働き

障害は、「病気」ではないから、障害は直らないと決めてしまうのはどうでしょう。

私は、医療によって「治す」ことが困難な障害があっても、毎日の生活や保育・教育の積み重ねによって、能力を獲得していったり、不自由さを軽減していったりしていくことができると考えています。また、人間の知恵や科学の進歩は、障害の不自由さを軽減できるような社会のしくみづくりと保育や教育に寄与しなければならないとも思っています。

私たちは生きている限り、代謝の働きによって、変化をし続けています。それは、１日24時間のなかで、リズム（規則性）をもちながら繰り返されていて、からだのなかと外での入れ替わり

図40　代謝の働き（新旧の入れ替わり）＝からだの内的条件

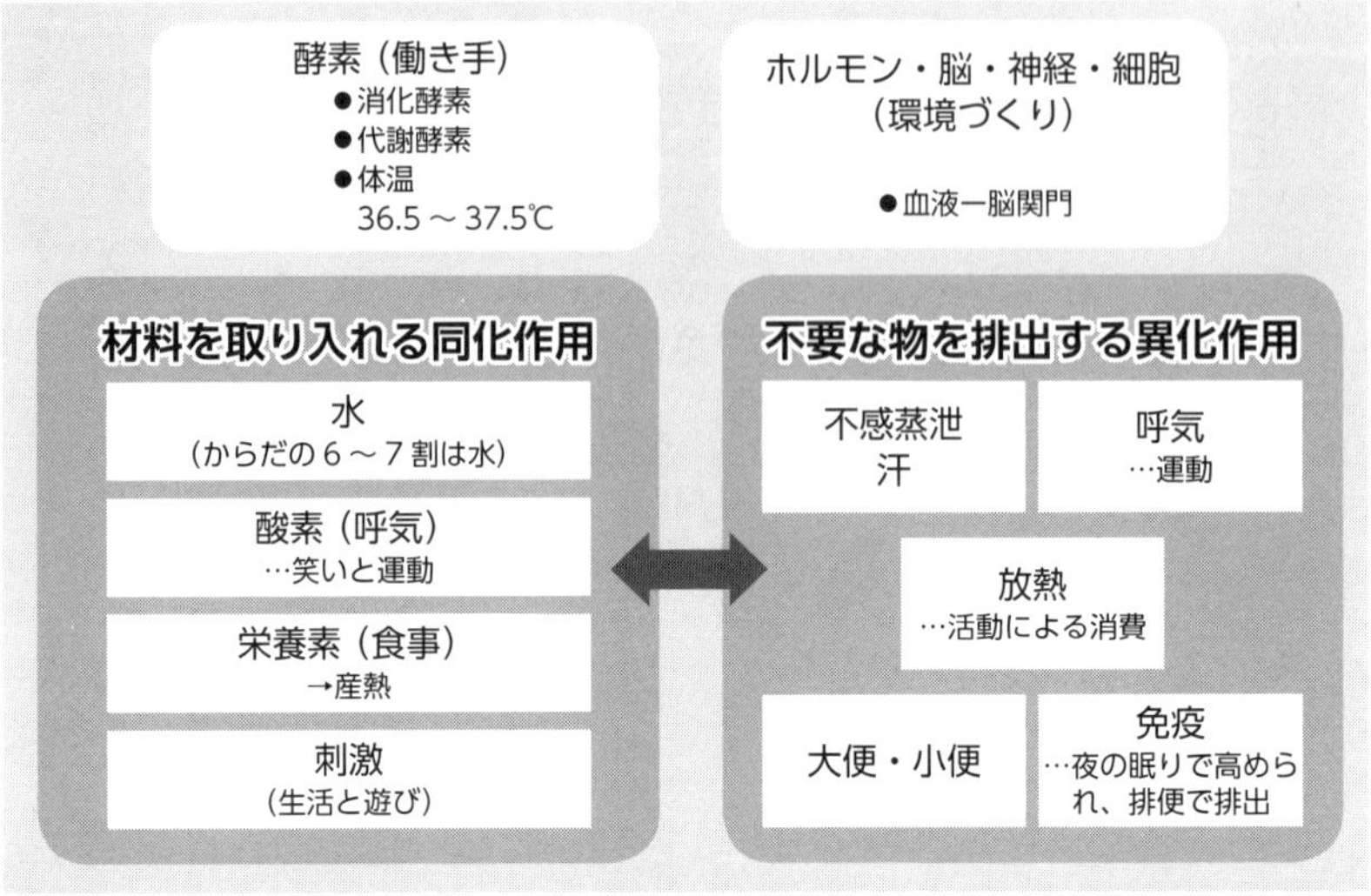

＝代謝を繰り返しています。

図40に示すように、代謝の働きは、同化作用（＝からだのなかに取り込むもの）と異化作用（＝からだのなかから排出するもの）とに分かれます。そして、それを支えるための脳・神経・細胞と伝達物であるホルモンと化学変化を促進する酵素の働きによって行なわれます。全身の代謝活動を活発にし、適切にすることが、障害の軽減・克服の基本だと考えています。

ヒトのからだの約70％は水でできていますが、代謝活動や活動エネルギーの産生にはたくさんの水が必要なのです。その際、たんぱく質や糖分、その他の栄養を含む牛乳、ジュースなどでなく、ミネラルを含む自然に近い水を飲むことが代謝の促進には不可欠なのです。

人体は、呼吸から空気中の酸素をとり入れ、食事からエネルギー源を得て活動していますが、

図41　脳の働きを育てる

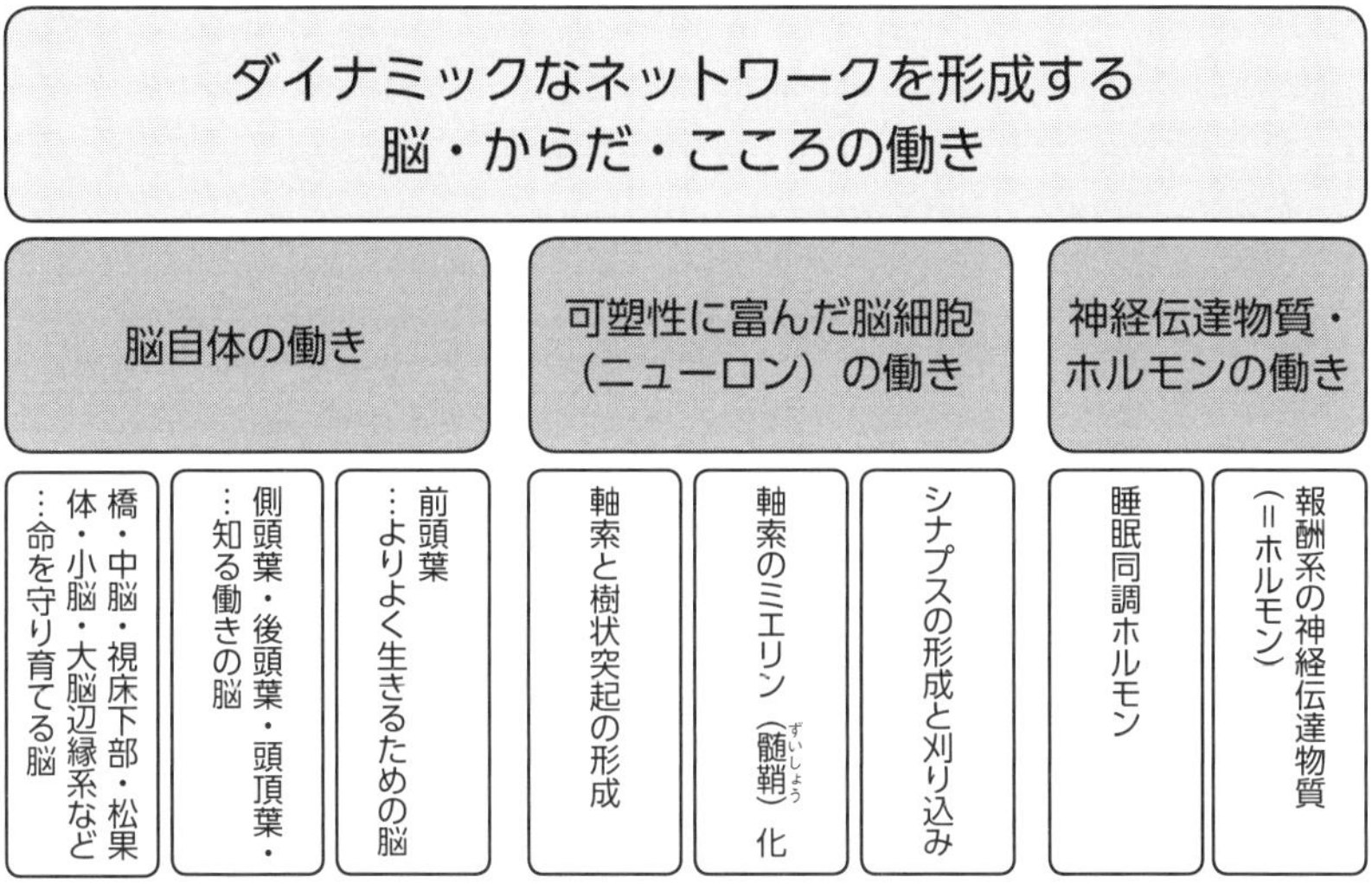

酵素が直接的に働き手となって代謝活動を担っています。場所によって酵素の種類も働き方も異なりますが、酵素が働きやすい温度は摂氏36・5～37・5℃くらいと言われています。低体温では代謝活動が適切に行なわれません。

　一方、微量なホルモンも酵素同様にからだのなかで働きながら、からだと脳の働きを調節しています。ホルモンの多くは、「生体の生活リズム」を整える働きがあり、脳・からだ・こころの育ちと健康にとても重要な物質なのです。

2　脳の働きも変化する

　脳はからだの一部ですから、毎日、代謝が適切に繰り返されていくと、脳の働きも育っていきます。育ちの遅れや障害がある場合、脳や代謝の働きに弱さがありますから、その働きを強

図42 脳の可塑性と代償作用

命を守り育てる脳の働きを育てます

- 中脳と視床下部が連携して担っている働きに着目
- 眠りと目覚めのコントロール
- 快の情緒の発現

脳細胞（ニューロン）自体の発達をよくし、働きを高めます

- 軸索と樹状突起の形成
- 軸索にミエリン（髄鞘《ずいしょう》）を形成

脳の神経細胞の接続部であるシナプスを増やしていきます

- よく使うニューロンとシナプスは、結びつきが強くなり、よく働くようになる
- 使わないでいると、小さくしぼんでいく

くしていくための手立てを考える際には、脳が育ち、働きがよくなるとはどういうことなのかを理解しておく必要があります。

まず、脳自体の働きを理解し、それを強くしていかなければなりません。その方法については、後に詳しく紹介しますが、ここでは、脳の構成要素として最も重要視されている脳の神経細胞（ニューロン）について説明しましょう。

ニューロンは、大脳の新皮質だけでも150億個はあるといわれています。それがよく働くためには、刺激信号を受け取る「樹状突起」と、刺激信号の出力をする一本の「軸索」を伸ばし、他のニューロンや筋肉、その他各器官や必要なところへの連絡網をつくっていきます（図41・42・43参照）。

その際、日常的によく使う部分や骨格筋への連絡には、軸索に「ミエリン」と呼ばれる鞘《さや》の

図43　神経細胞（ニューロン）と髄鞘のしくみ

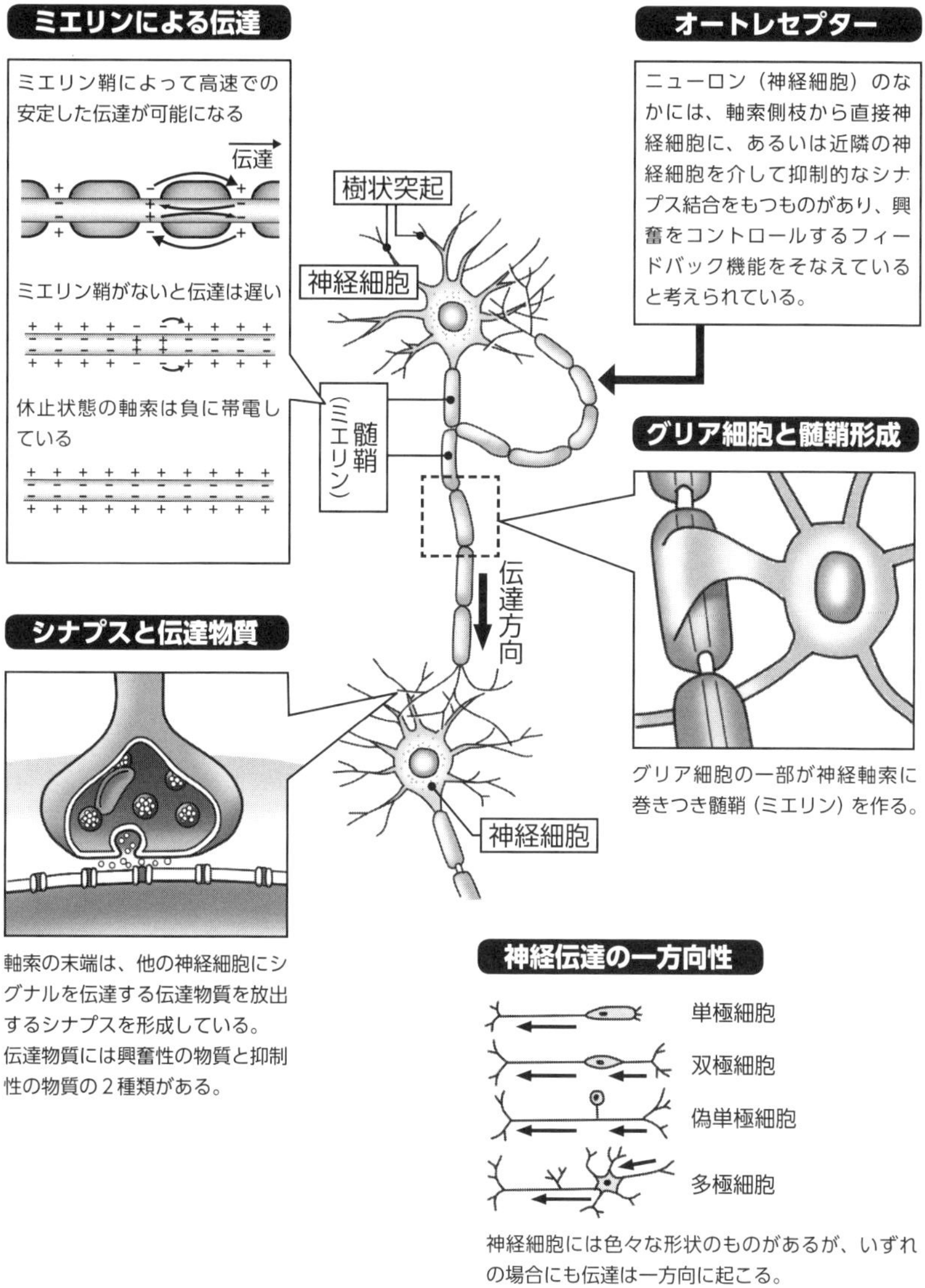

グリア細胞の一部が神経軸索に巻きつき髄鞘（ミエリン）を作る。

軸索の末端は、他の神経細胞にシグナルを伝達する伝達物質を放出するシナプスを形成している。伝達物質には興奮性の物質と抑制性の物質の２種類がある。

神経細胞には色々な形状のものがあるが、いずれの場合にも伝達は一方向に起こる。

図版解説：林隆博 2009

ようなものを作って伝達を高速化していきます。これを「ミエリン（＝髄鞘《ずいしょう》）化」といいます。そして、軸索の末端には、他のニューロンや筋肉、その他の器官などに連絡を担当する接続部（＝シナプス）が形成されます。

生まれたばかりの赤ちゃんは一つのニューロンにシナプスは平均2個ですが、生後の育ちによって約1万個平均にまで増加させることができると推定されています。シナプスが増加することは、簡単に言えば脳細胞が、発達するということを意味します。このようにシナプスは、増加したり、減少したり、生活や育ちのなかで変化していくのです。

ここでは、ホルモンを神経伝達物質と同義語として使っていますが、ホルモンは、夜の睡眠中に分泌される「睡眠同調ホルモン」、日周リズムがあるもの、「報酬系ホルモン」などさまざまあります。睡眠中にもホルモン分泌をしていて、脳の成長や記憶の増強と関係するという仮説があり興味深いところです。

脳は、器質的な損傷があったとしても、まだ使われていない別のニューロンを働かせて、新たな働きとしくみをつくっていくことができると考えられています。反対に、あまり使われない脳細胞は、その情報処理の回路の効率を下げて、萎縮させていくとされています。この萎縮の過程にはグリア細胞が関与していて、成長発達上、機能回復上、必要なニューロンを守り育てたり、萎縮して使われなくなったニューロンの隙間を埋めるように働いたりしていきます。

この脳の可塑性は、発達途中の脳においてよく見られる現象で、環境に応じてその時期に最適の処理システムをつくり上げるために起きる現象だといわれています。

また、右脳と左脳は、双方をつなぐバイパスの役割をする「脳梁《のうりょう》」を介してつながっているのですが、左右の脳ができるだけ均等に働けるように調整し合うという特徴があるようです。たとえば、どちらかの脳が損傷を受けた場合には、左右の脳が相互に働きを抑制し合い、正常に働く脳が過剰にがんばりすぎないように、かつ損傷を受けている方の脳の本来の力を機能回復するようにと、次第に調整するようになっていくというのです。

また、損傷した脳領域周辺の細胞には、リハビリテーションによって、新たな神経回路ができることも明らかになっています。学習や経験で脳細胞のシナプス結合が変わり、運動や行動に変化が現われるという、神経ネットワークの可塑性が提唱されています。

たとえば、脳梗塞《こうそく》で指を動かす神経細胞が死滅しても、訓練によって通常は「手首」を動かす指令を出す神経細胞が、「指」を動かす指令をも発することができるようになって、再び指を動かすことが可能になるのです。このような脳の運動学習メカニズムが、マヒした筋肉を動かすことによるリハビリ治療を可能にするのです。

このような脳の可塑性や代償性を考える時にも、夜の睡眠は大変重要です。脳の働きは、夜の眠りと日中の活動の中で変化しています。軸索の情報伝達効率を高めるためのミエリン化は、昼の活動を受けて、夜の睡眠中に行なわれています。その際、日中の脳の活性化と情緒が重要です。

日中は、ノルアドレナリン神経系とドーパミン神経系を働かせて脳を活性化し（図25参照）、

図44 血液脳関門の働きと脳の代謝

脳にとって有害な物質が脳内に侵入するのを防ぐしくみ＝**血液脳関門**

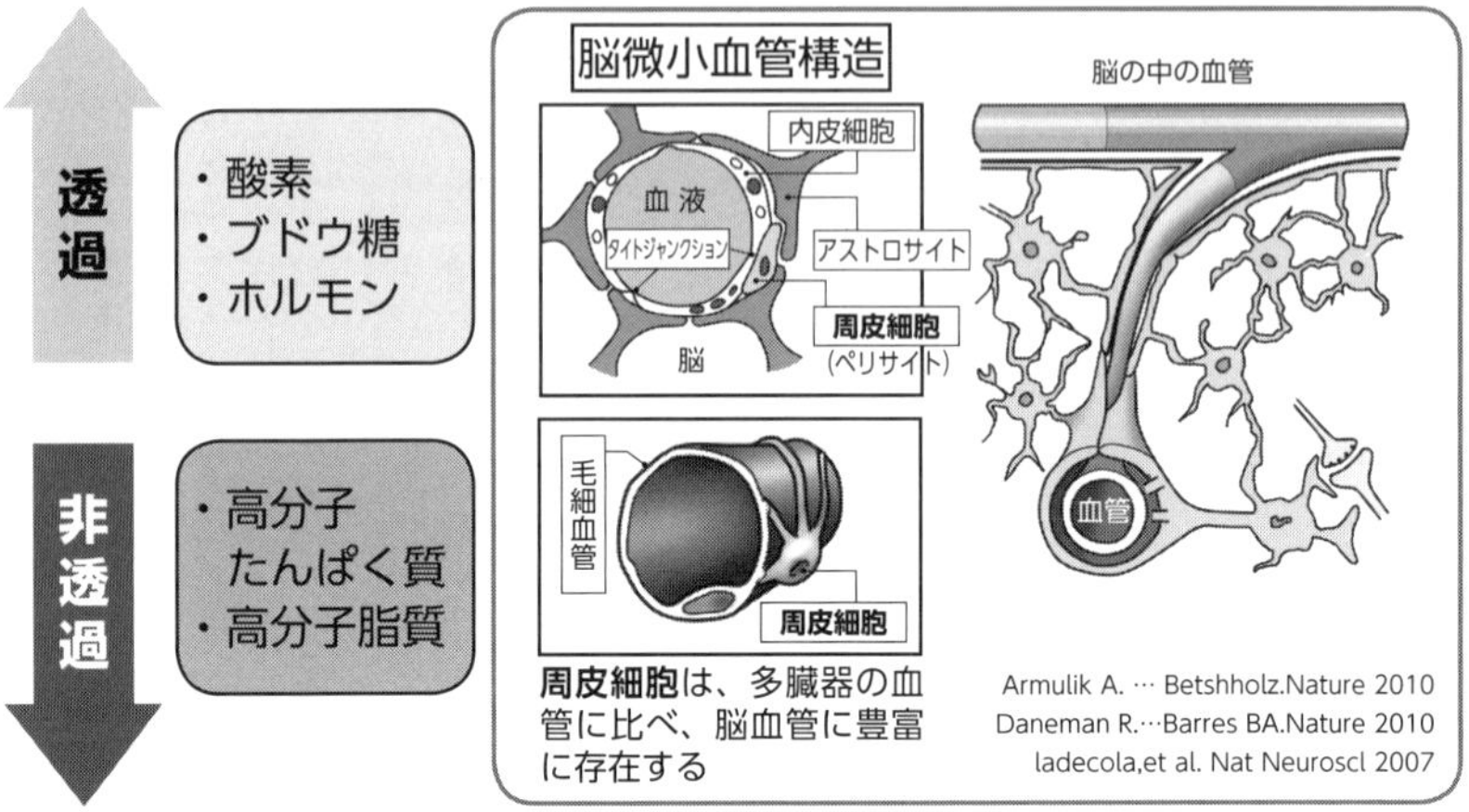

九州大学大学院医学研究院病態機能内科学脳循環研究室ホームページより

快の情緒でしっかり活動するとともに、夜はセロトニン神経系の働きによる質のよい眠りを保障することが重要です。

脳を構成する主なものは、神経細胞（ニューロン）とグリア細胞（ヒトでは神経細胞の50倍ほどの個数）と血管です。グリア細胞は神経細胞の軸索に巻き付けるようにミエリンを形成していくと紹介しましたが、それだけではありません。グリア細胞は、日常的には脳の代謝を健康に維持するために働き、脳の機能低下を起こしている時には活性化するように神経細胞を生かし、かつシナプスの可塑性などにも積極的にかかわるような働きもあることがわかってきて、ここ10年の間に次々とその役割が発見され、注目されています。

神経細胞が働くためには、エネルギー源であるブドウ糖と酸素が大量に必要で、それらを運んでいるのが脳内の血管です。脳内の血管の保護は重要で、脳の血管はグリア細胞の一種のアストロサイト（星状膠細胞《せいじょうこう》）が、血管の内皮細胞と周皮細胞（ペリサイト＝血管の新生と血流をコントロールする）に隙間なく密着しています（図44）。

脳の血管には、神経細胞に有害物質が入り込まないように、かつ必要な物質だけを透過させるためにバリア機能があり、これを「血液脳関門（ＢＢＢ＝Blood Brain Barrier）」と呼んでいます。

血液脳関門は、血液から脳細胞への酸素やブドウ糖の供給と、脳細胞から血液への不要物質の排出をコントロールしています。また、肝臓で脂肪酸から作られるケトン体、一部のアミノ酸やビタミン、アルコールやニコチン、ホルモンなどは簡単に通過できますが、高分子のたんぱく質や脂質、リン酸などは通過しないように調節しているようです。

睡眠・覚醒リズムが崩れると、周皮細胞（ペリサイト）が破壊されて、血液脳関門の機能が弱くなって、アストロサイトやミクログリアが活性化するという知見が発表されています（岡山大学（大学院医歯薬学総合研究科・宝田剛志准教授）と金沢大学・日本大学の共同研究グループ、２０１７年）。

脳の働きをよくしていくためには、脳の代謝と血液循環がよいことが重要で、血液脳関門の働きの維持には、目覚めと眠りを中心とした体内のリズムを整えることが必要だということがわかります。

図45 体内時計と1日24時間の生活

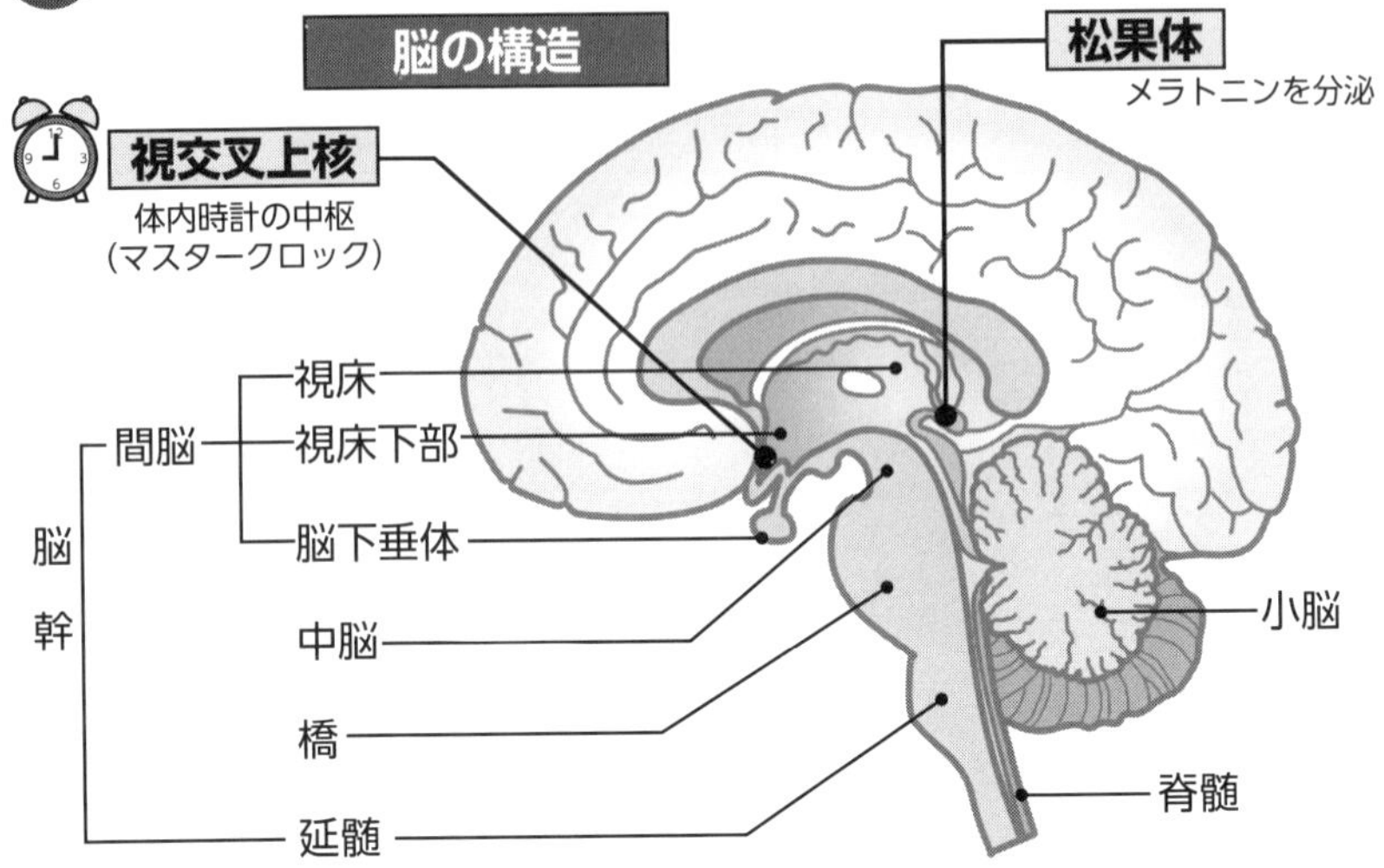

Web 日本成人病予防協会より引用して加筆

3 いつ・どこで・どんなふうに生活するのが適切なのでしょうか

障害や発達の遅れがある子の今の状態は、生後あるいは胎児期からの代謝の積み重ねが育ちとなって現われている姿です。毎日の生活の積み重ねのなかで、脳を含めたからだが代謝を繰り返し、現在に至っています。その代謝の働きは、遺伝子や染色体の異常、ホルモン、脳自体の異常や働きの弱さによって、必ずしも適切に機能していないところがあって、成長・発達を阻んでいたのでしょう。

しかしこれから先、もっとよい代謝が行なわれる生活が実現できれば、脳・からだ・こころの働きに発達的変化が生まれる可能性があるのではないでしょうか。

ヒトは元来、昼行性の動物で、朝起きて昼間活動し夜には眠るという、体内時計を遺伝子情報としてもっていて、それにしたがって毎日生活をして、脳を含めたからだは代謝を繰り返しています。脳幹といわれる「命を守り育てる脳」（20ページ参照）の働きはとても重要です。図３（20ページ）の脳の断面と各部位の働きと合わせて見てほしいのですが、図45のように、脳幹を構成するもののなかには、視床下部があります。その視床下部のなかに、「視交叉上核《しこうさじょうかく》」と呼ばれる神経の塊（＝核）があります。

　視交叉上核は、体内時計の中枢で「マスタークロック」と呼ばれ、からだの各種臓器や筋肉や皮膚からの「時計遺伝子」の情報と朝の光の情報を集めて、１日24時間の生活リズムにからだの働きを調節し、リセットする働きをしています。たとえば、光を感じると、視交叉上核が松果体に向かってメラトニンの分泌を止めるよう指示を出し、反対に、暗闇を感じると、松果体からメラトニンが分泌されます。

　メラトニンは、「生体の生活リズム」の要となる「睡眠同調ホルモン」のなかでも代表的なホルモンで、さらには性的成熟を抑制する働きがあり、第二次成長を適切な時期に迎えるようにコントロールする成長・発達にとって大変重要なホルモンです。

　体内時計に従って代謝活動が促されて、大人から子どもへと成長発達していくのですから、そこから逸脱した不規則なあるいは夜型の生活を送っていると、脳幹部の育ちや発達に悪影響を与えます。

　脳と身体の人体ネットワークをつくっているのが神経とホルモンです。神経は、脳・脊髄の中枢神経と、全身にはりめぐらされている末梢神経に分かれます。さらに末梢神経は、手やあしのように通常自分の意思で動かすことができる体性神経と、心臓などのように無意識のうちに働いていて意識して動かすことができない自律神経とに分けられます。

自律神経は、ホルモン分泌と並ぶからだの「二大調節機構」といわれ、からだの内的条件を整えます。たとえば、代謝に必要な呼吸、体温調節、消化吸収などは自律神経の働きによるものです。自律神経はさきほど紹介した視交叉上核の体内時計によってコントロールされている点を認識することが重要なのです。

自律神経には、交感神経と副交感神経があります。この二つの神経は、一つの器官に対して互いに相反する働きをしていて、からだの内外の状況に応じてアクセルとブレーキのように拮抗して働きます。

昼行性の動物であるヒトは、朝から体内時計を正しく整え、日中は、交感神経をしっかりと働かせ、夜になったら、交感神経優位から副交感神経優位へうまく切り替えられることが必要です。夜に副交感神経が優位になると、寝つきがよくなってぐっすり眠れ、心身の休息と回復と補完がしっかりと行なわれます（図46）。

副交感神経には血管を拡張させたり、ホルモン分泌を増加させたりする働きがあります。血液は、体内の細胞に栄養素を運び、細胞からの老廃物を受け取る働きがありますから、血管が拡張することによって代謝の働きがよくなります。

図46　副交感神経主導から交感神経主導へ切り替わる１日の始まり

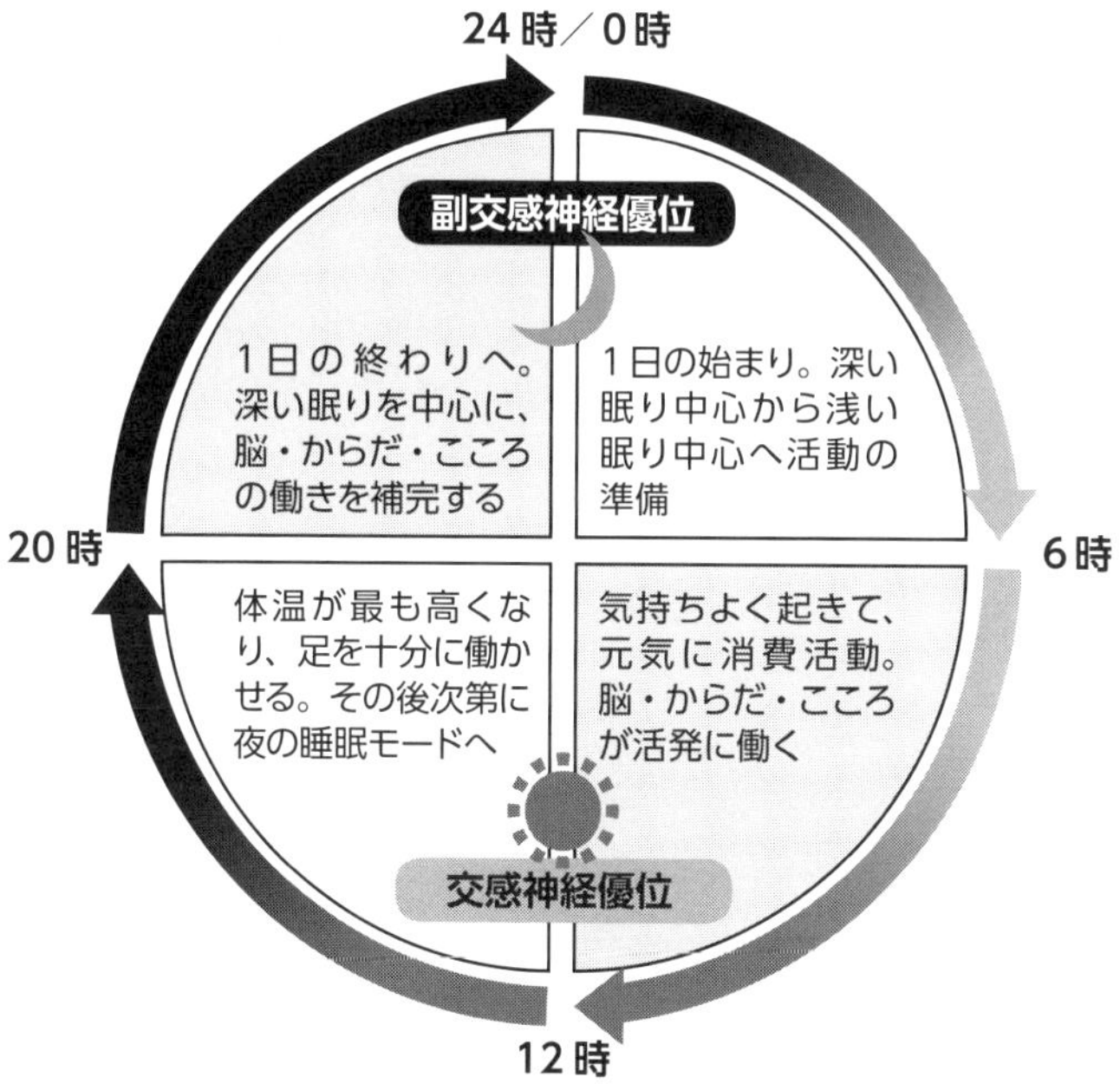

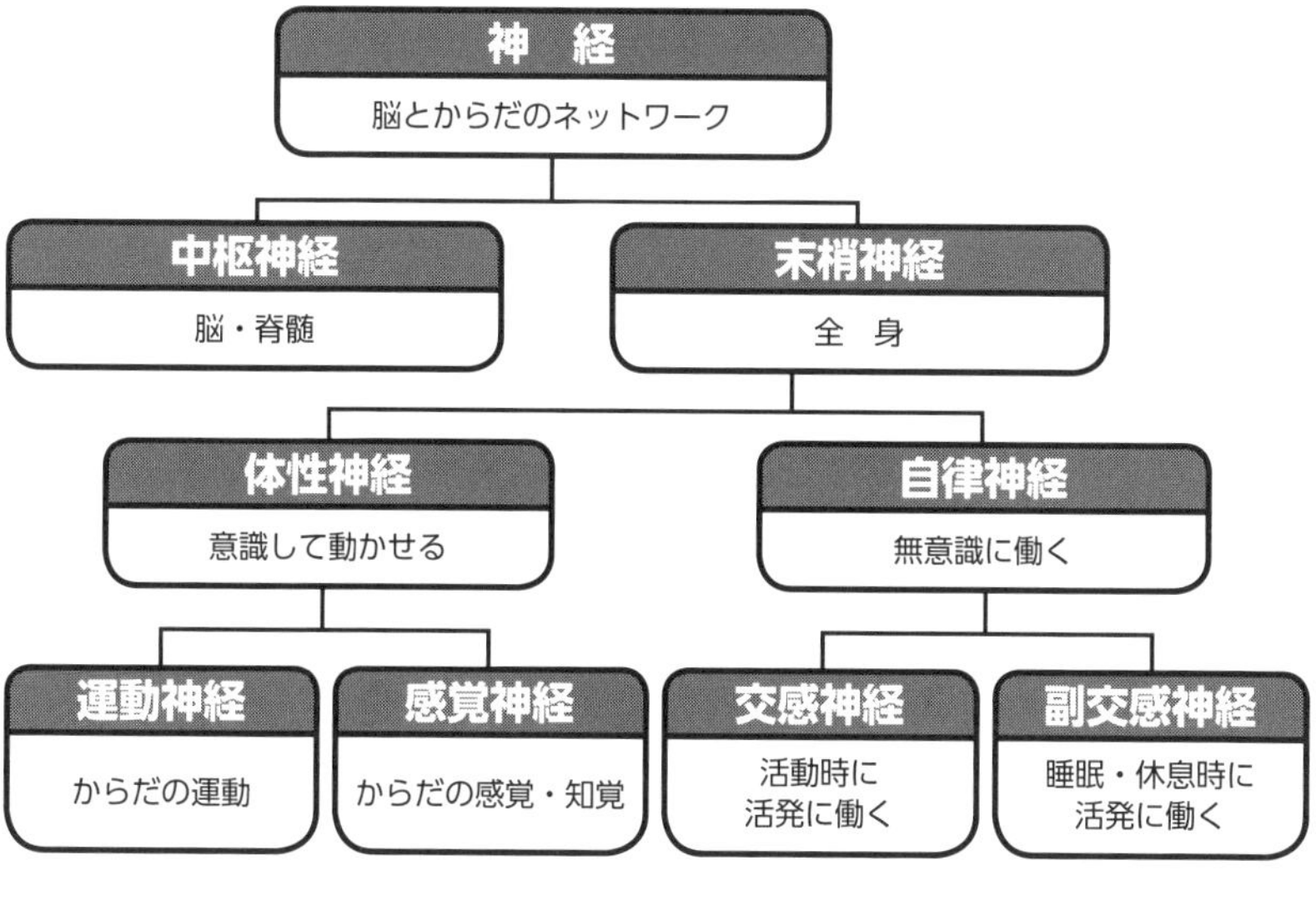

言い換えれば、「生体の生活リズム」が乱れると自律神経のバランスが悪くなって、日中は交感神経の活性化がうまくいかず、夜になってから交感神経が働いてしまいやすいのです。すると今度は副交感神経主導への切り替えもスムーズにいかなくなって、なかなか寝つけず、夜更かしになってしまい悪循環を繰り返しやすくなっていくのです。

昼と夜を区別した規則正しい生活習慣によって体内時計が整えられ、交感神経と副交感神経がバランスよく働きます。交感神経の活性化とともに、脳とからだが活性化しますので、朝から外気を浴びて軽く運動することは、からだとこころの恒常性が崩れた生体を立て直して回復させるために有効です。

ところで、ヒトの腸（小腸と大腸）内には数百種、からだの細胞の10倍もある6兆個の細菌が種類ごとに腸壁に生息していて、まるで、草むら・花畑のように見えることから腸内フローラと呼ばれています。この腸内フローラは、食事や睡眠、ストレスなどの影響を受けて、その分布勢力を変え、脳と相互に情報伝達をし合い、免疫、内分泌、自律神経に影響を及ぼしていることがわかってきました。このような、脳と腸管の関連を「脳腸相関」と呼んでいます。

感情やストレスは、迷走神経（＝副交感神経の働きを主とする末梢神経の一つ）と腸壁神経系の経路を介して消化管の蠕動《ぜんどう》運動や消化吸収、食欲などに影響を与えます。たとえば、叱られたり失敗したりすると胃が痛くなったり、緊張するとお腹が痛くなったり下痢になったり、ストレスが長期化すると食欲がなくなって体重が減ることがあります。つまり、脳と腸はホルモンやサイトカイン（＝炎症物質）などの情報をもったたんぱく質を利用し、自律神経系のネットワークを通じて、互いに影響し合う関係にあることが明らかにされています。

　また、視床下部⇕下垂体⇕副腎の経路（ＨＰＡ軸）と呼ばれるストレス反応も大切です。視床下部は飲食や睡眠、性行動などの本能にかかわる行動、怒りや不安などの情動を司る中枢であり、自律神経とホルモンの調節機構の司令塔でもあります。近年の研究でＨＰＡ軸の働きが腸内細菌叢《そう》に影響を及ぼすことが確かめられています。

　ストレスを感じると、視床下部はＣＲＨ（副腎皮質刺激ホルモン放出因子）を出して副腎皮質刺激ホルモン（ＡＣＴＨ）の放出を促し、それが脳下垂体に伝わると今度はそこからＡＣＴＨを分泌させます。さらにそれを受けた副腎皮質はコルチゾールを分泌します。これによって、ストレス状態が解消されます。

　一方、腸内細菌は、「トリプトファン」という必須アミノ酸を原料に脳内物質でもあるセロトニンを生成します。松果体から分泌されるメラトニンは、セロトニンを材料にして生成されるのです。また、中脳や視床下部から分泌されるドーパミンは、「フェニルアラニン」という必須アミノ酸から生成されます。これらのホルモンを効率よく生成するためにも、食事と睡眠の質が重要なのです（図47）。

図47 腸・脳相関＝腸と脳の情報伝達

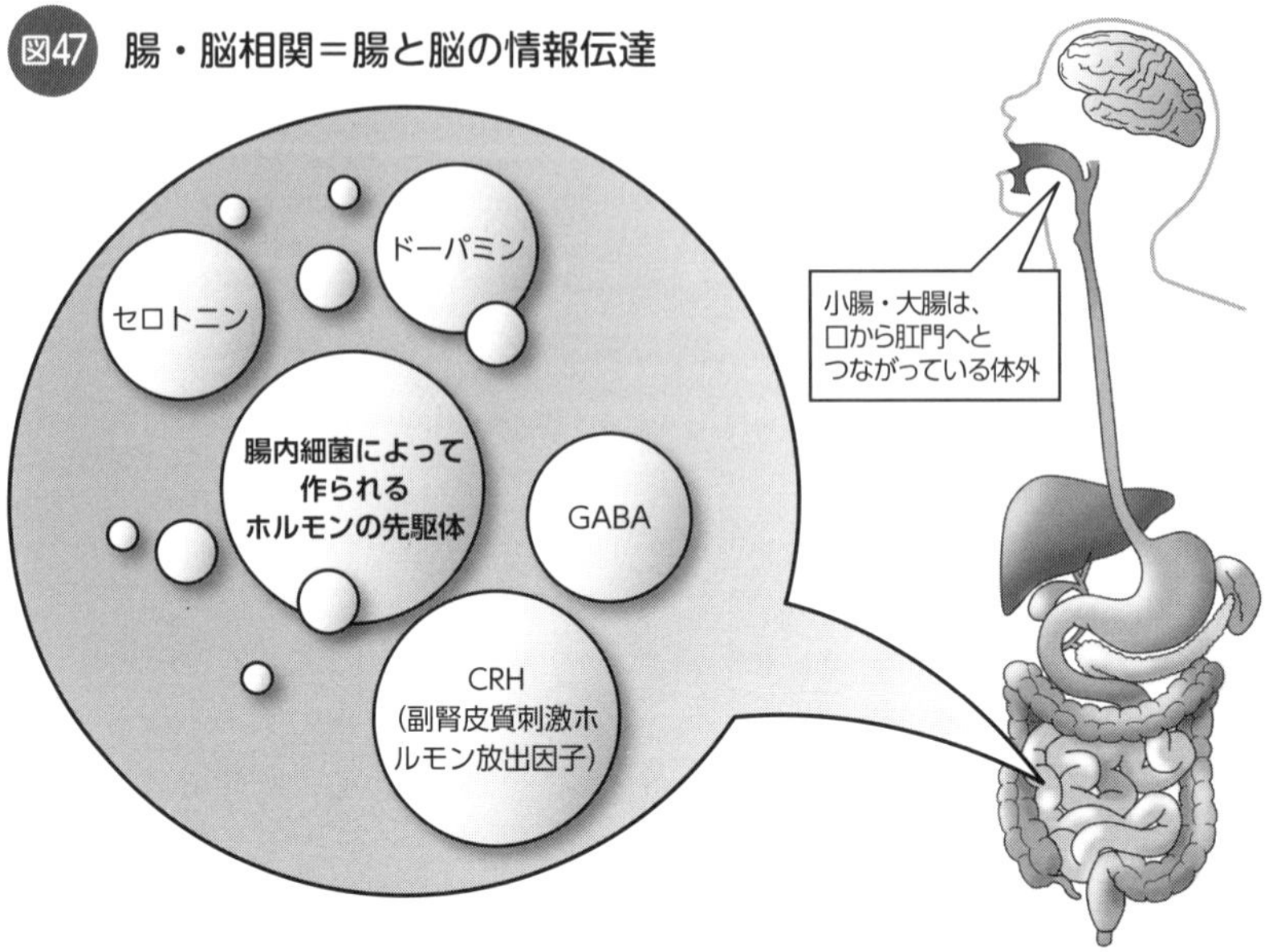

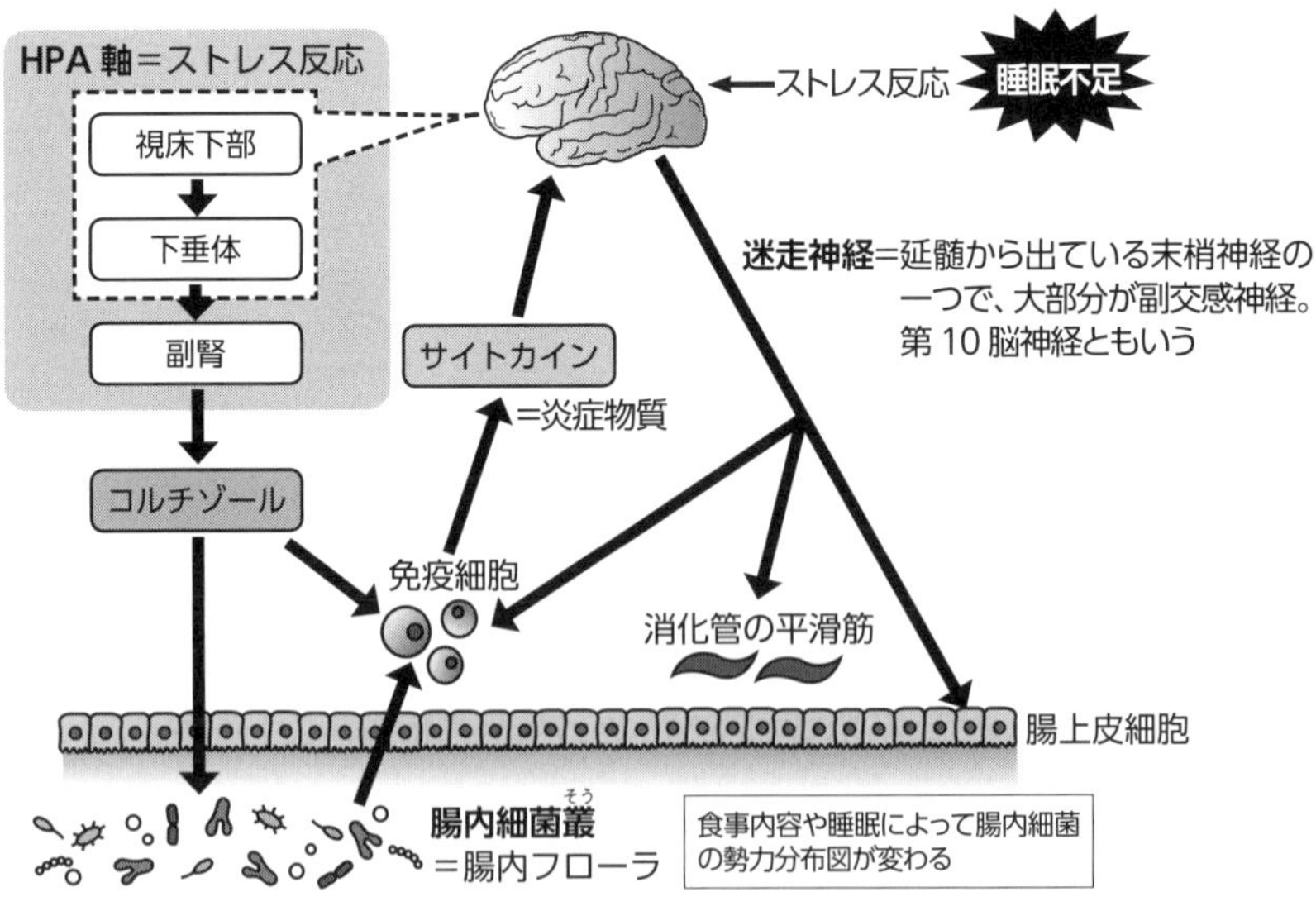

web　Dr. 西澤の栄養療法コラムより引用して加筆

2 ヒトがいきいきと生活できるための「生体の生活リズム」を保障しましょう

1 「生体の生活リズム」とはなんでしょう

地球上の生きもののほぼすべてに備わっている体内時計にしたがって、ヒトもまた生体のリズムをもっています。それは、地球の自転によっておおよそ1日が24時間周期で繰り返される「サーカディアンリズム」です。

おおよそと言ったのは、実はヒトの場合の「フリーランリズム（＝昼夜関係なく光や温度の影響を受けない条件下でも起きる周期的リズム）」は、24時間と少し（いろいろな説があり、平均すると24時間半くらい）のようです。ですから放っておくと、後ろへ後ろへと（遅寝・遅起きのリズムの方へ）ずれて行きやすくなるので、体内時計を毎朝リセットしながら生活していくことが必要になるわけです。

生まれたばかりの赤ちゃんが昼夜の関係なしに眠ったり起きたりするのは、まだ24時間というリズムに体内時計が同調していないからです。しかし生後4カ月を過ぎる頃になると、脳の視床下部などの育ちと共に、次第に昼間は起き、夜は眠るというようにリズムが育ち始めます。

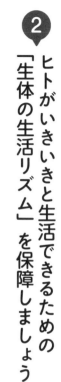

図48 ヒトの生体リズムと太陽の光

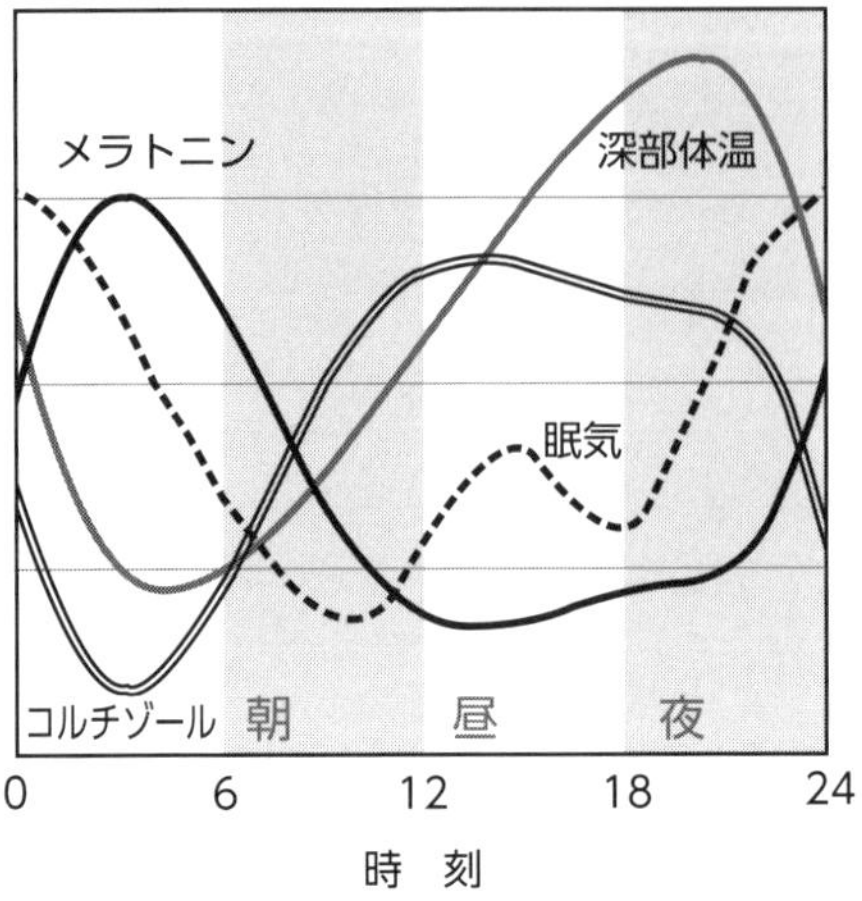

Web 岩崎電気株式会社技術開発室 技術部
川上 幸二より引用

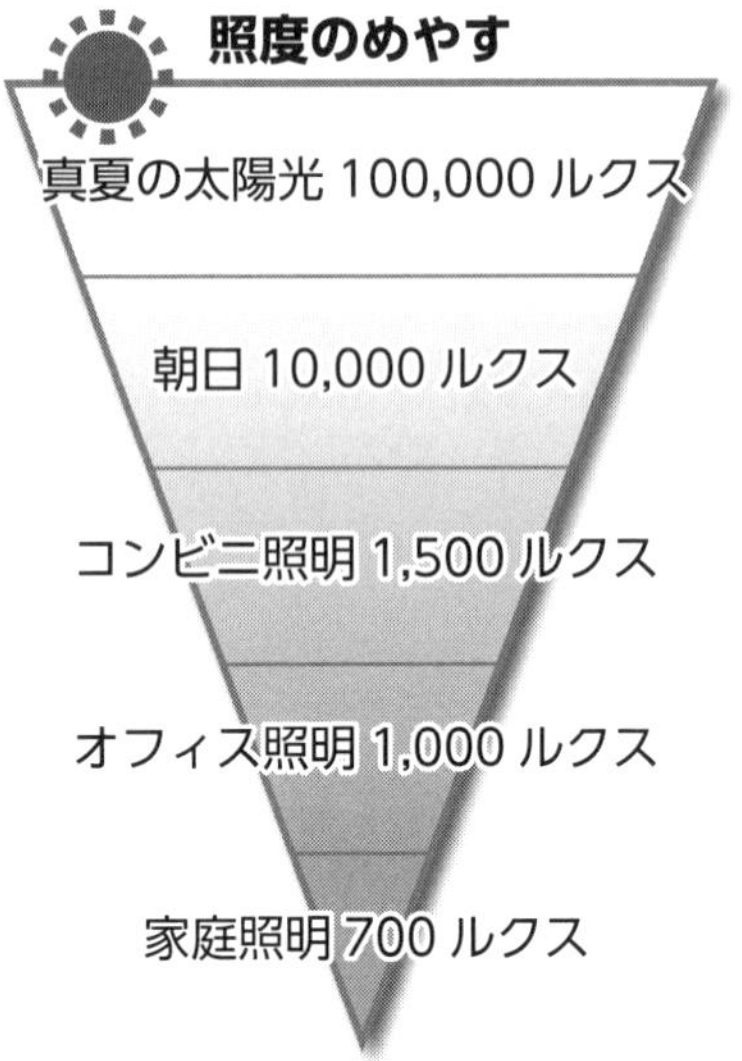

そして7～8カ月頃には、まだ夜中に起きることはあっても、完全に昼夜を区別した目覚めと眠りのリズムが身についていきます。

さらに1歳～1歳半頃になると、昼間は活発に活動し、昼寝の時間が定まり、よく笑い、夜よく眠り、よく食べるといった「生体リズム」と「社会の生活のリズム」を一致させた、「生体の生活リズム」が身につき始めます。

ところが、障害や発達の遅れがあると、この「生体の生活リズム」が乳児期あるいは幼児期の初期のうちに身につきにくく、未発達な状態のままでいることが多いのです。

たとえば、夜の寝つきが悪い、夜中に何度も起きてしまう、朝起きられないなど睡眠リズムが整わないことに関する問題です。そういう場合には、まず、朝6時頃起こし、朝の太陽を浴びさせることから始めます。

図49　睡眠のリズムと睡眠同調ホルモン

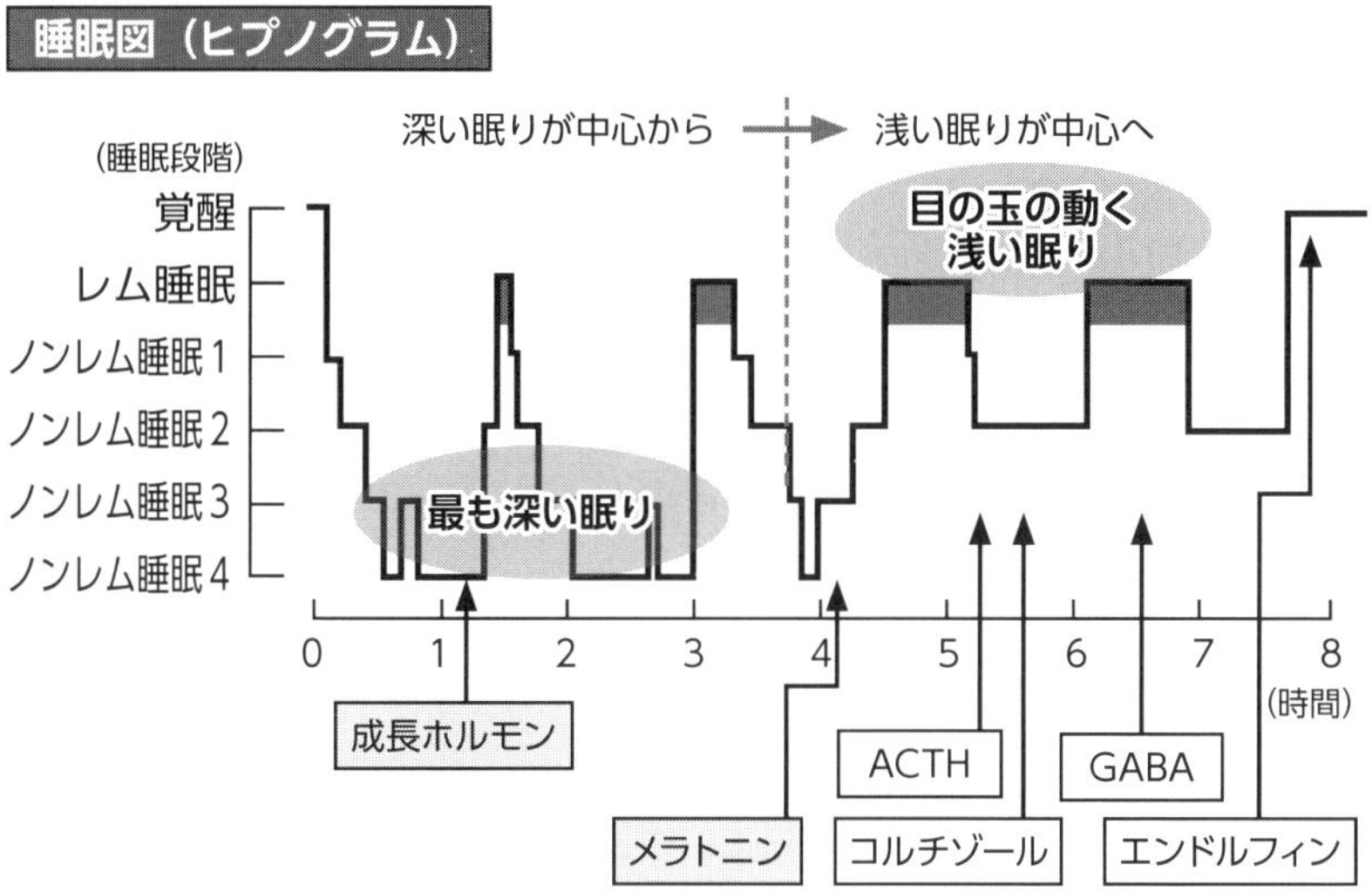

朝の太陽の光を浴びて「生体の生活リズム」をリセットすることが、体内時計↓視床下部↓松果体↓命を守り育てる脳全体を育てるために、最も重要です。これは睡眠—覚醒リズムだけでなく、体温リズム、コルチゾールやメラトニンなどの分泌リズムを24時間周期に調整することにもなり、効果的です（図48）。

2　快起・快眠の睡眠のリズム

副交感神経主導に切り替わったからだは、眠っている間も補完・修復のための活動を続けています。睡眠には2種類（ノンレム睡眠1〜4段階とレム睡眠）の眠りがあり、一晩の眠りの中で、浅い眠りから深い眠りへと繰り返す一定のリズムを保っています（図49）。

睡眠のリズムは、大脳を主として補完しながらその働きを守り育てる眠り（ノンレム睡眠3段階・4段階）と、身体・内臓の働きを守り育てる眠り（レム睡眠とノンレム睡眠2段階）とに分かれながら、脳とからだを守り育てるしくみをとっていると考えられています。また、ノンレム睡眠の中枢は視床下部、そしてレム睡眠の中枢は中脳・橋・延髄にあると考えられていますが、その一方で、脳内あるいは体液内のホルモンによっても睡眠はコントロールされていると考えられています。

ホルモンをつくる器官は、視床下部、脳下垂体、甲状腺、副甲状腺、副腎、膵臓《すいぞう》、生殖腺、胎盤、小腸、胃などがあります。

特に視床下部は、脳下垂体に指令を出してホルモン分泌をコントロールする中枢で、重要な領域です。ホルモンの一部には、一日の中で分泌量が増えたり減ったりするものがあり、そのなかで、夜寝ている間に分泌が増えるホルモンを「睡眠同調ホルモン」と呼びます。

睡眠同調ホルモンとして、眠りの前半の深い眠りのなかで分泌される成長ホルモンや、眠ってから約4時間後に真夜中の暗闇のなかで分泌されるメラトニンが有名ですが、ほかにもその日起きて元気に活動するために備える、ＡＣＴＨとコルチゾールなどが未明から分泌を始めます。脳の興奮を抑えながらレム睡眠を継続させるＧＡＢＡ、朝すっきりと目覚め活力を出すβ－エンドルフィンも、「生体の生活リズム」を守り育てていくために働いています。

朝は、起床と朝食によって、コルチゾールがさらに増大して体温を上げて活動的な脳とからだにしていきます。

眠りと目覚め、夜の活動と昼の活動は、互いに影響を受ける表と裏の関係にあります。夜の睡眠がしっかりとれていないと朝はすっきり起きられないし、その後の活動にもエンジンがかかりにくい状態になります。場合によっては、からだが重く感じたりボーっとしやすくやる気が起こらなかったりすることもあります。

反対に、日中の活動（運動）量が少なすぎたり昼寝が長すぎたり、あるいはストレスや疲労感が高すぎて脳が興奮状態になっていたりしても、なかなか寝つけません。すると夜更かしや寝つきの悪さが原因で早起きができません。このような現象は、大人でもよくあることですから、脳の働きの未成熟や器質的損傷がある、障害児や発達の遅れがある子は、運動不足やストレスなどによって容易に睡眠・覚醒リズムが乱れてしまいます。

夜の睡眠の保障が、障害児の子育て・保育・教育の重要な部分で、睡眠不足やリズムの乱れは、脳とからだの修復・補完、昼の活動に不具合を生じさせます。

近年、睡眠と覚醒の切り替えは、オレキシンというホルモンと深い関係があることがわかってきています。オレキシンは、睡眠図（123ページ図49）にあるような正常な睡眠・覚醒パターンの各ステージの安定性や維持、そしてエネルギー代謝と食欲に重要な役割をしていると考えられているようです。一晩の眠りの後半、つまり、レム睡眠主導の浅い眠りのなかでオレキシンが多くなると、脳の覚醒に必要な交感神経が活発になり、ストレス解消のＨＰＡ軸が活性化します。加えて、幸福感をつくり出すドーパミン神経系と、自律神経の働きを調節するアセチルコリン神経系の活動が活発になり、その後目覚めてからは、活動と共に食欲が増して、エネルギーを得てより活動しやすくなります。

一方、オレキシンと反対の働きをするのが、セロトニンとメラトニンです。セロトニンは、日の光を浴びるとその生成量が多くなり、広い意味でのリズミカルな運動（呼吸、咀しゃく、歩行、ダンスなど）をしていると分泌が高まって、気持ちをすっきり落ち着かせながら、脳を活性化していく働きがあるといわれています。日中セロトニンが十分に分泌され脳内に溜まってくると、それがメラトニンの生成の原料となり、夜の安定した眠りへと切り替わっていきます。

自閉症スペクトラム症候群などは、「生体の生活のリズム」が身についていない姿が多くあります。しかし、睡眠・覚醒リズムが正常に発達していくと、情緒の安定や日々の学習に成果が表われてきます（図50）。

3　食事のリズム

1日が24時間周期で繰り返されるサーカディアンリズムのズレをリセットする方法がもう一つあります。それは、1日3度の食事を決まった時間に摂ることです。

常に強力な光を目に受けてしまう現代生活では、光刺激に依存する体内時計のリズムの振れ幅が小さくなり、活動と休息の時間のメリハリがなくなってしまいがちで、「生体の生活リズム」

図50　夜の睡眠中の体内活動と日中の活動

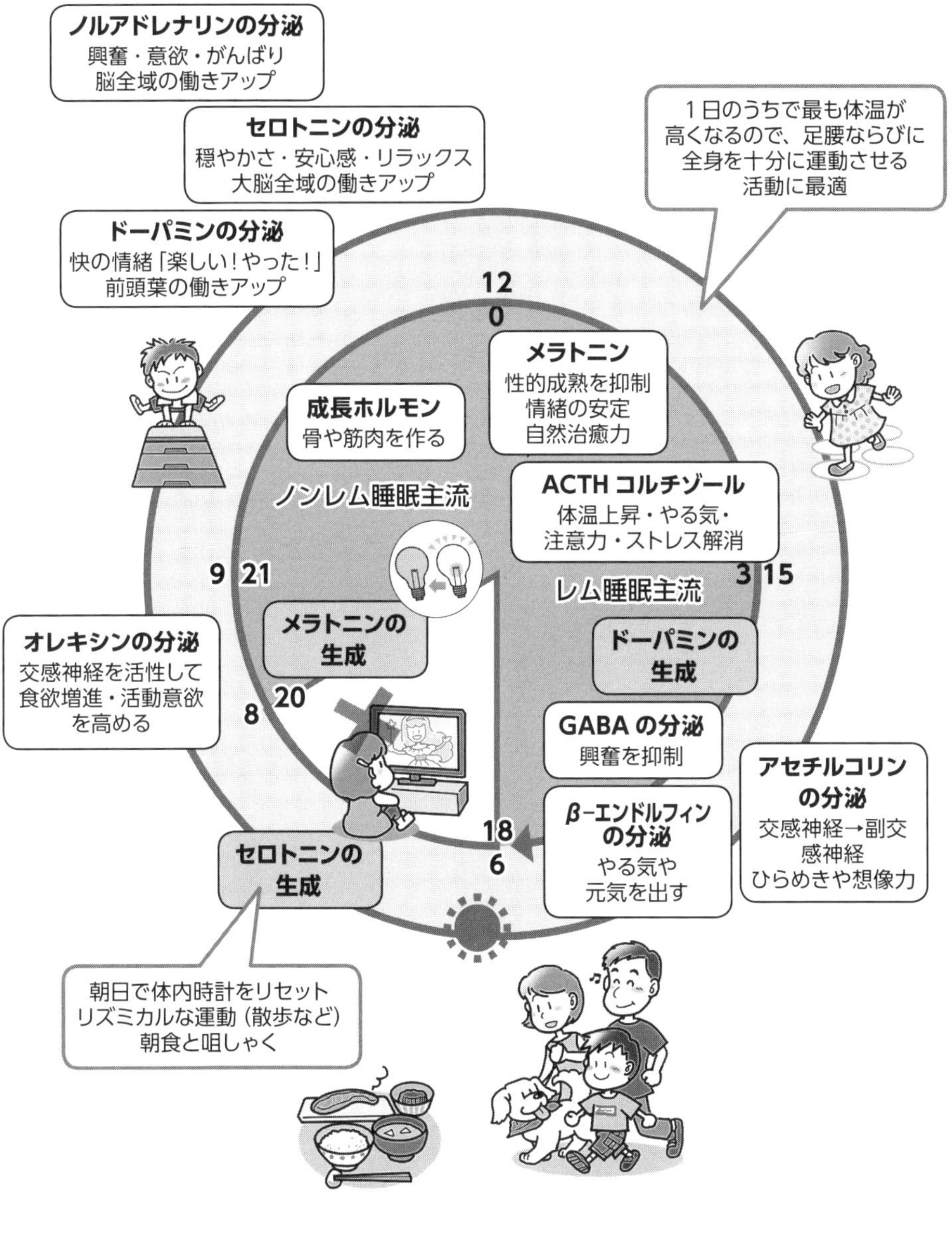

図51 食欲を出せるオレキシン

●オレキシン産生神経系の模式図

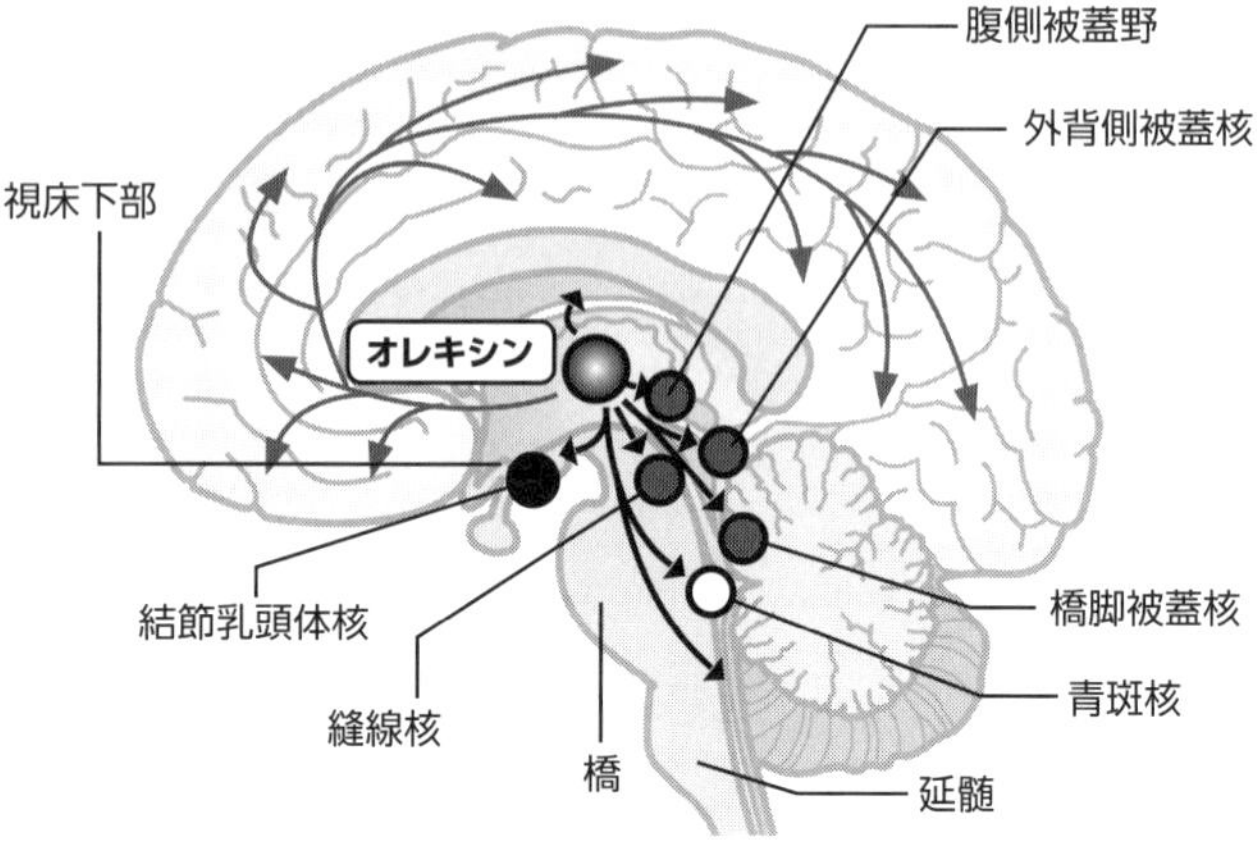

1)Golter Al et al.Pharmacol Rev. 2012:64(3):389-420
図）櫻井 武．たんぱく質 核酸 酵素 2007:52:1840-1848. より改変

はどうしても崩れやすくなっています。しかし食事によって「腹時計」をしっかり動かすことで、たとえ体内時計が乱れてきても、食事のたびにズレをリセットできます。

「腹時計」とは、おなかのすき具合から時刻の見当をつけることですが、オレキシンは、食事による日内リズムをつくっていくことにもかかわっているとされ、毎日決まった時間に食事を摂る人は、その時間が近づくと空腹感を感じるようになります。これは脳の中で食事のリズムが刻まれていることによるものです。

オレキシンは視床下部の摂食中枢に局在し、脳全体を目覚めさせて覚醒をコントロールするシステムだけでなく、食欲増加と制御、情緒の安定や意欲、エネルギー恒常性などとの相互の関係が明らかになってきています（図51）。3度の食事を規則正しく摂ることは、日中の活動を充実させ、体内時計をリセットしていく方法なのです。

　また、食事からトリプトファン（主に肉や魚などに多く含まれるたんぱく質）を体内に摂り込むと、トリプトファンは腸内でビタミンの作用を得てセロトニンとなり、そのセロトニンをもとにしてメラトニンが生成されます。メラトニンは、代表的な「睡眠同調ホルモン」で睡眠の質を左右し、脳とからだの成長発達や情緒の安定などに欠かせないホルモンです（115ページ参照）。ミネラルやビタミンを多く含み腸内環境を整える食物繊維の多い野菜や果物などの摂取も重要です。

　障害がある子の多くが、豊かな食習慣を身につけているとは言えません。食欲不振あるいは過食、偏食などの食に関する数々の問題を抱えています。これらは、「生体の生活リズム」と無関係ではありません。おなかがすくようなリズムをつくって、オレキシンを活性化して、日中の覚醒レベルを上げましょう。

　朝6時頃に起床し、朝日を浴びて視床下部の体内時計をリセットするようにします。子どもにとっては早歩きになるような散歩を20～30分します。適度な運動をすることで、アセチルコリンの働きによって交感神経系が程よく興奮し、全身の抗重力筋（＝骨格筋）や心筋、内臓筋などに作用し、その一方で、セロトニンやドーパミンやノルアドレナリンなどの大脳を活性化するホルモンも分泌されます。

　脳とからだが目覚めると、気分がすっきりしてやる気も高まってきます。そうした運動とホルモン分泌を経て空腹感が生じると、オレキシンが一層分泌して、朝食をおいしく食べることがで

図52　1日の活動のエネルギー源となる大事な朝食を和食で摂りましょう

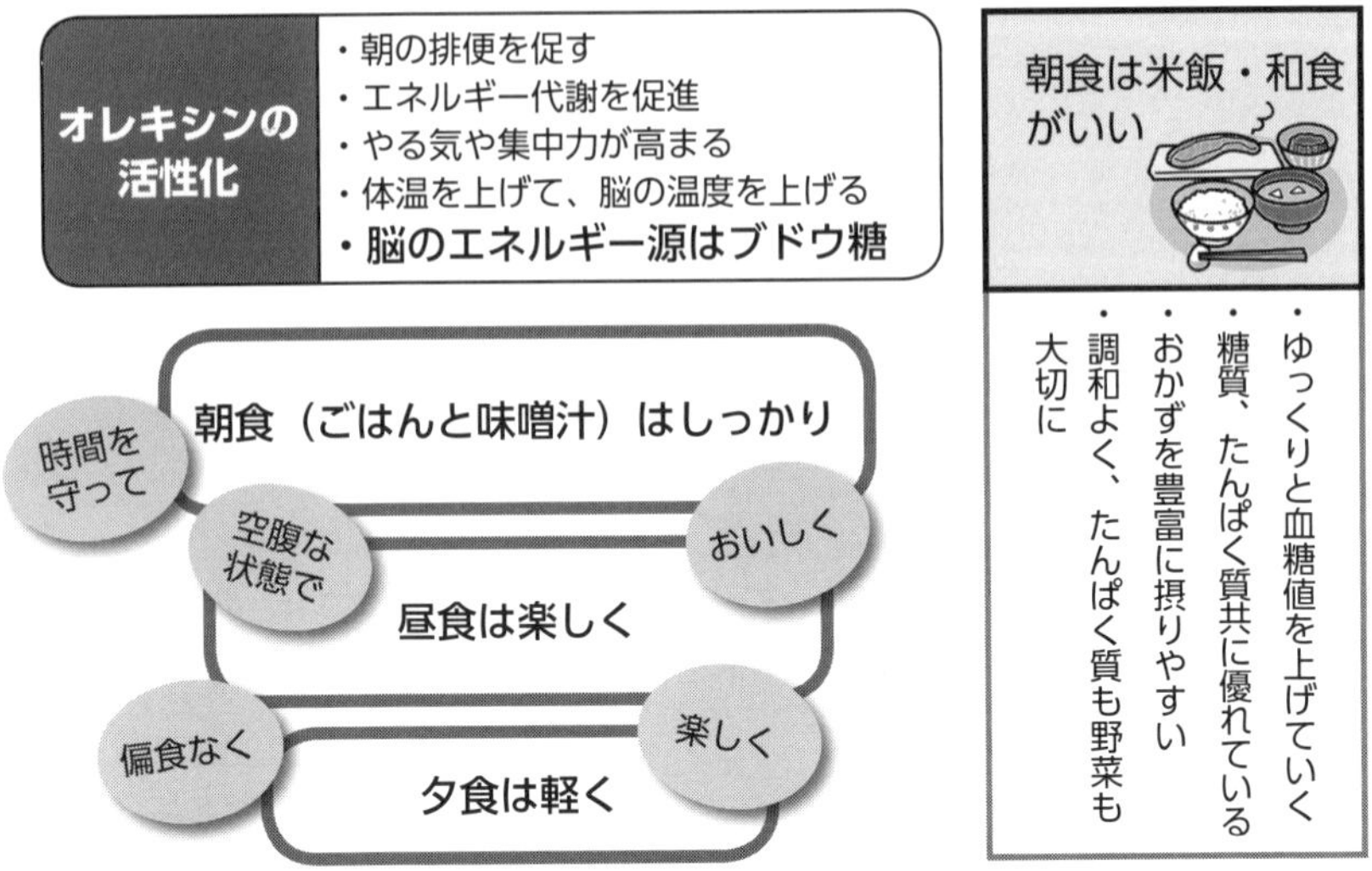

きます。目覚めてから約1時間半で、空腹感を感じやすいようです。

豊かな朝食であることも大変重要です。豊かな朝食とは、栄養のバランスが取れて品数があり、「おいしい、うれしい、楽しい」と感じるような食卓であることです。特に朝食は、和食のご飯をしっかり食べることが、脳のエネルギー源であるブドウ糖を補給するという点からも大事です。粒状である米飯は、パンに比べると、咀しゃくしなければなりませんし、いろいろなおかずを組み合わせて食べることができます。

大豆に含まれるレシチンは脳細胞やアセチルコリンなどを作る原材料になります。ドーパミンやノルアドレナリンなどのアミン系ホルモンはチロシンから生成され、ちりめんじゃこやチーズや筍などに多く含まれます。魚や肉のたんぱく質は、トリプトファン→セロトニン→メラトニンという過程で生成されます。また、腸内フローラを活性化するために発酵食品や食物繊維を多く含む根菜や海藻類などの摂取も必要です。このようなブドウ糖やホルモンの生成過程には、必ず各種のビタミンやミネラルと水が必要です。脳を含めたからだづくりには、バランスが取れた形態にしやすい和食が優れているというのは、このようなさまざまな理由からです（図52）。

子どもが朝から食欲がない、偏食（野菜嫌い）がある、咀しゃく力が弱い、水を飲みたがらないという状態は、脳とからだの育ちにとって、危機的な状態だといっても過言ではありません。食欲・飲水欲という本能的意欲・欲求が弱い、つまり、生きていく力が非常に弱いという視床下部の働きの弱さを意味するからです。

4　排泄のリズム

排泄の自律は、プライベートゾーンに関することが自分でできるという自尊感情を形成していく上でも、障害児・者にとって大変重要な課題です。実際、４歳を過ぎる頃から、「オムツが取れない」といった、排尿や排便に関する相談が増えてきます。

排尿について

体内に溜まった老廃物は、血管を通して腎臓に集められ、血液が濾過《ろか》されて尿ができます。尿

図53 排便のメカニズムと毎朝の排便の習慣化

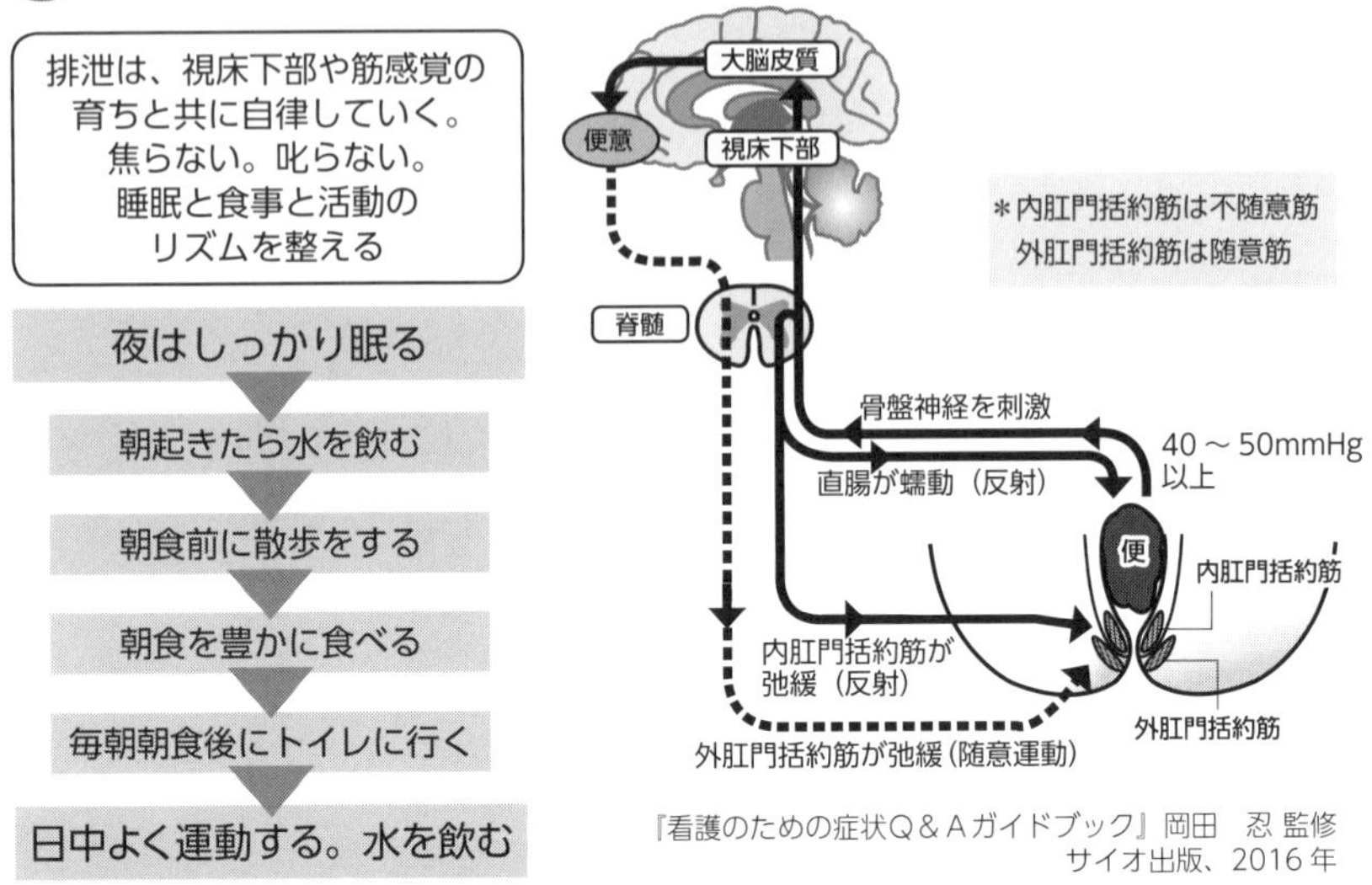

『看護のための症状Q＆Aガイドブック』岡田　忍 監修
サイオ出版、2016年

は一定量に達すると尿意を感じ、膀胱括約筋《ぼうこうかつやくきん》がゆるんで尿道を通って排泄されます。尿意を感じても、大脳からの指令がないと尿は排泄されないため、ある程度我慢することができます。

排便について

図53に排便のメカニズムを示しました。普段、便は、夜眠っている間に腸の蠕動運動によって、横行結腸→下行結腸→S状結腸へと運ばれ、停滞しています。朝、水を飲んだり朝食を食べたりすることによって、横行結腸からS状結腸にかけて胃・結腸反射とよばれる強い蠕動運動が起こり、直腸へ送られます。この大蠕動は1日に1～2回、多くは朝食後に起こりやすいようです。大蠕動によって直腸に便が移送され、その興奮が骨盤神経に伝えられます。さらに、その情報は視床下部を経て大脳皮質に入り便意を

起こします。そして、排便しようとする意思によって肛門括約筋がゆるみ、排泄されます。

　何日も便が出ない状態だけでなく、量が少ない、便がすっきり出た感じがしない、便が硬くてなかなか排泄できないなどの状態も、便秘に含まれます。小腸はいつも蠕動運動をして内容物を移送していますが、大腸は、通常の蠕動運動では、結腸の便を直腸まで移送することはできません。便が直腸に移送されるためには、結腸全体でまとまって起こる、強力な大蠕動が必要になります。便意を我慢してしまうと、つぎの大蠕動までの間に大腸内で水分の吸収が進み、便が硬くなって便秘になりやすいのです。

　このような排泄のしくみを考えると、夜の睡眠中の大腸の蠕動運動、朝食と水分摂取、あし腰の筋肉の働きと運動、そして視床下部の働きを強くしていくことが重要であることがわかります。朝６時頃起きて、朝食前に散歩をし、朝ごはんをおいしく食べ、笑顔の多い１日のスタートを切ることが、排泄の自律にもつながっていくのです。焦らず、気にせず、習慣化していくよう心がけましょう。

5　体温と活動のリズム

　１日の体温のリズムにも着目しましょう。体温は１日中一定ではなく、常に変動しています。からだの中心部の体温のことを深部体温といいますが、深部体温が最も上がるのは起床から11時間後（6時起床の場合は17時）で、22時間後（明け方4時）に最も低くなるといわれています。眠気を深部体温が高い状態から低い状態に下がると、その落差によって眠気は大きくなります。眠気を感じた時は、手や足が温かくなりますが、放熱して体温を急激に下げているからです。

しかし、障害がある子のなかには、低体温、あるいは高めであまり変動をしない子がいます。さらにそのなかには、遅寝・遅起きで睡眠リズムが乱れがちな子や、日中ボーっとして動きが鈍い子、その反対に多動で落ち着きなく動き回ってしまう子が多いのです。そのどちらも、体温に問題があります。

そこでまず大切なのは、体内時計をリセットして朝軽くからだを動かし（外に出て散歩をする）、朝食を豊かに食べて体温を上げていくことです。日中は、活動（運動）と休息と昼食やおやつを規則正しく摂るようにします。そして、夕方以降の体温コントロールです。夕食後食休みをしたら軽い運動（這う運動や相撲ごっこなど）や入浴で意図的に深部体温を上げておくと、スムーズに入眠しやすくなります。入浴後、湯冷めしないうちに布団に入ると寝つきやすいのはこのためです。

図54は、早寝・早起きを【ひばり型】、遅寝・遅起きを【ふくろう型】とし、その体温と計算速度や手の器用さや疲労度の違いを比較した有名なステファン（ドイツの生理学者）のグラフです。

早寝・早起きの体温リズムは、午前中から体温が高く、日中の活動に適した体温リズムであるのに対して、夜型の体温リズムの場合は、午前中エンジンがかからず、計算能力や手の作業効率も悪いだけでなく、疲労感が高いことがわかります。

図54　体温リズムと脳の動き

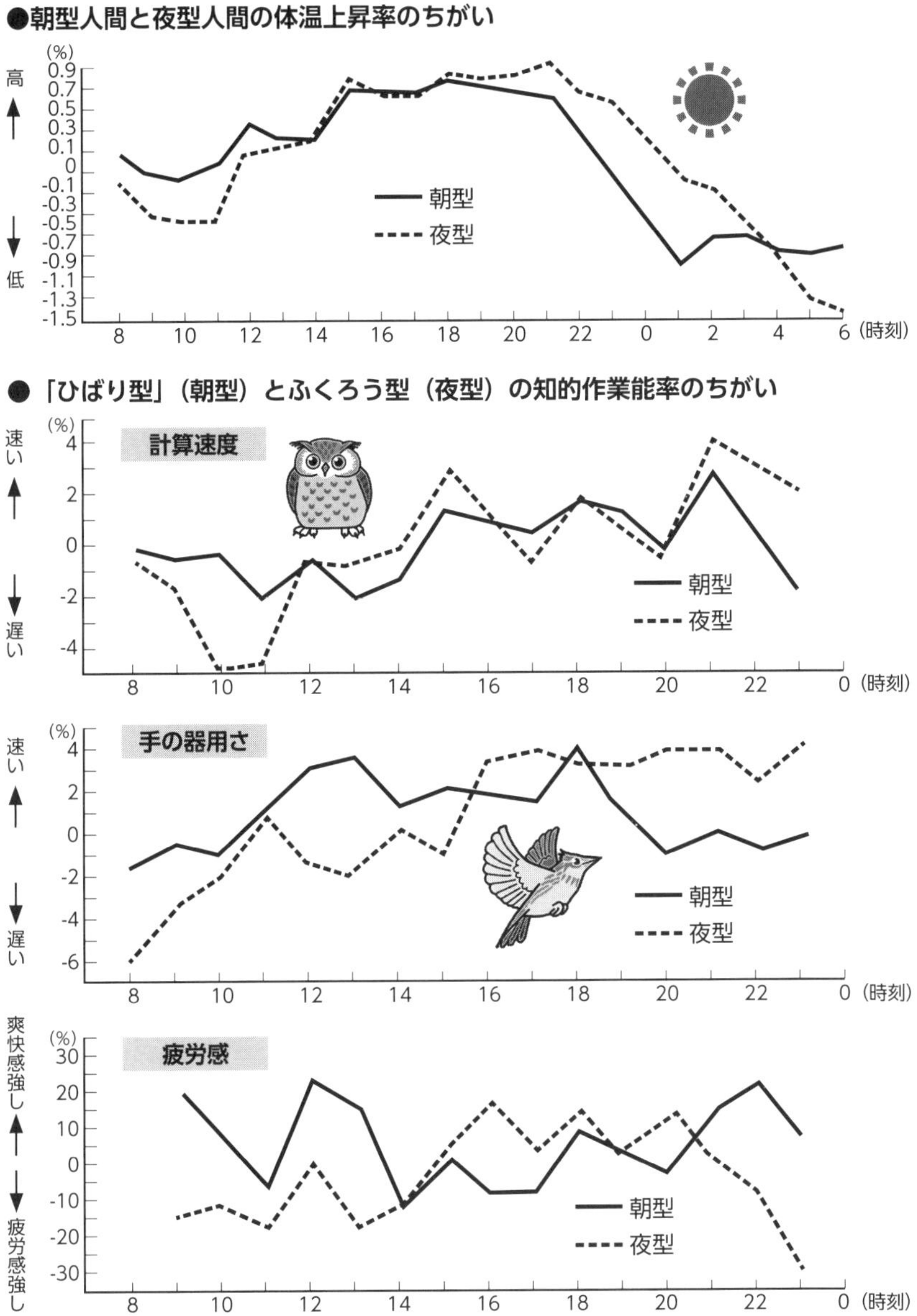

ステファンら、1985 より

このグラフは今から30年以上も前（１９８５年）に発表されたものですから、今の時代はこの頃よりもずっと夜型化と睡眠時間の短縮化が進んでいると思います。障害児や幼い子どもたちも、その生活の悪影響を否が応でも受けてしまうし、また受けやすいのではないでしょうか。体温は、エネルギー代謝の状態や活動のしやすさを示すものですから、病気の時だけでなく、育ちをみる目安の一つになります。

障害児のなかには、生体の生活リズムが崩れて、朝６時頃気持ちよく起きることができなくなってしまい、やがて不登校やひきこもりになっていくケースがたくさんあります。障害がある子の不登校や障害者のひきこもりは、本人の健康と学びと社会性の発達を大きく損なわせるだけでなく、彼らを取り巻く家族の負担も非常に大きくなってしまいますから、ぜひとも避けたいことです。

体温リズムは、朝の起床と軽い運動や朝食の摂取によって、脳とからだが活性化すると共に上昇していきます。これにはオレキシンの分泌（１２８ページ参照）のほかにも、β-エンドルフィンやコルチゾールといったホルモンの分泌も深い関係があります。

図55も今から30年以上前の東京女子医大の草川三治氏の研究論文から引用したものですが、毎朝元気に登校している子どもは、β-エンドルフィン、コルチゾールが共に午前６時頃がピークであるのに対し、不登校の子どもは、コルチゾールではリズムがあってもβ-エンドルフィンの方はリズムがない者が多く、また、両方ともリズムのない者も認められたようです。

図55　β-エンドルフィンとコルチゾールの分泌リズム

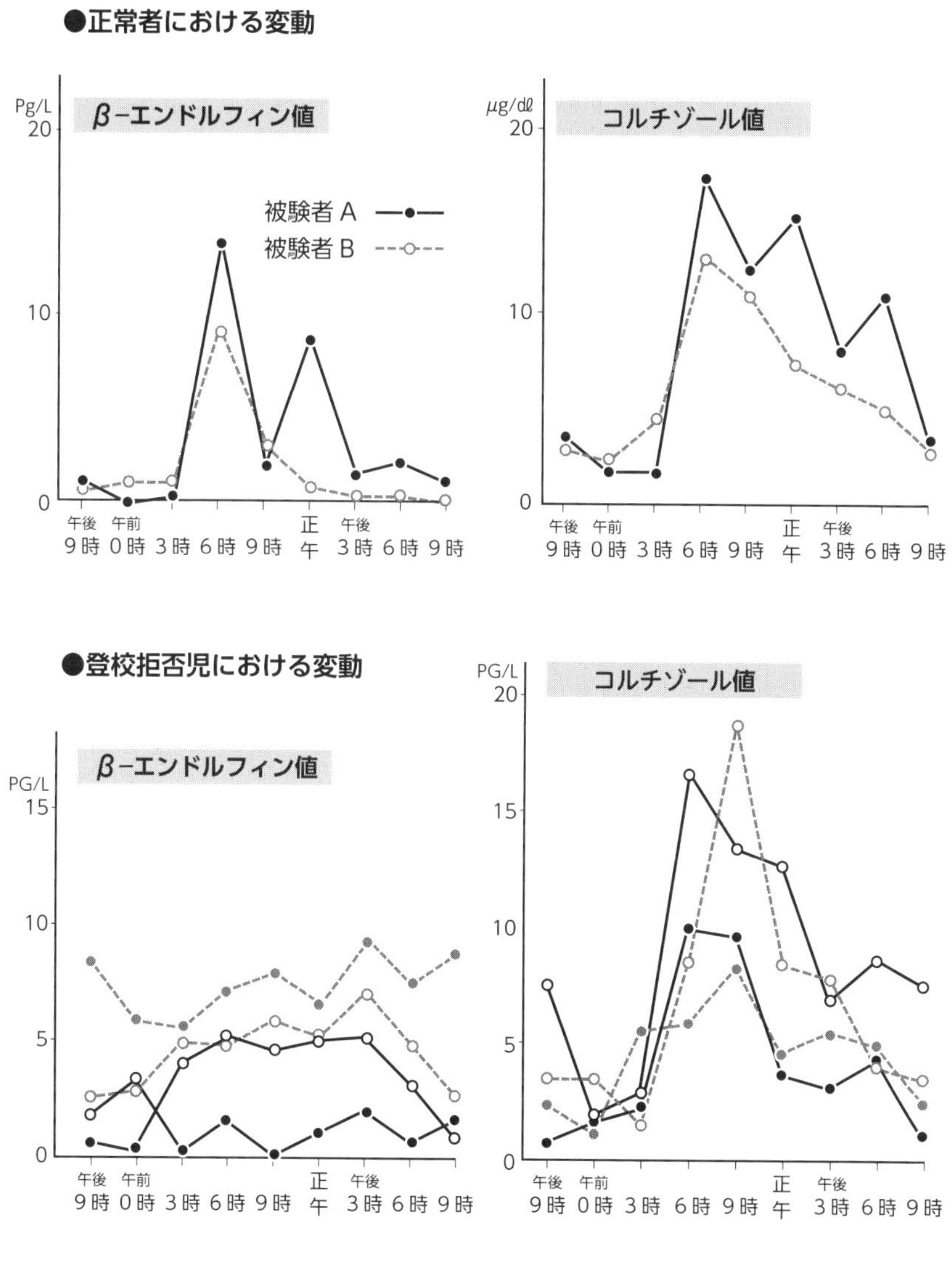

登校拒否と生体リズム　東京女子医科大学第二病院　小児科　草川三治著
（東京医大誌第 57 巻第 10 号頁 1108 ～ 1114 昭和 62 年 10 月）より引用

草川氏は、「症状からいっても、このリズムの点からも、登校拒否という現象はうつ病の一症状と考えたいのである。（略）躁とうつとその中間というような分け方として捉えた概念と考えたく、内因的なものとしてリズムが乱れ易い、あるいは乱れたリズムがすぐ1日2日で戻らず、ある期間続く時に表面化する状態と考えたいのである。従って生活の中でリズムが普通なら固定してくる幼児期以後発現する問題であり、正常と異常と区別できるものではなく、連続的なものでその境はないと考えたい。（略）しかし環境因子として親子の問題や学校内での問題などあって、それに伴う心因反応的な要素も無視はできないので、それぞれ各個人の状態に応じたカウンセリングも必要であろう」と、強調しています（「登校拒否と生体リズム」『東女医大誌』第57巻第10号、１９８７年）。

「生体の生活リズム」の乱れは、脳幹部の働きの弱さによる睡眠・覚醒リズムの問題が基本にあります。そのため、その同調因子である起床と就寝や食事などの家庭内の生活は、不自由を拡大させないためにも重大な意味をもちます。ことに日常の生活習慣の確立は、乳幼児期から成人期の課題です。

早起き・早寝の生活リズムを身につけて、日中の活動が楽しく、メリハリのあるものであることが大切です。活動のリズムという点で、さらに重要視したいのは、毎朝の朝食前の散歩と日中の運動です。

近年に注目されている物質で、ＢＤＮＦ（脳由来神経栄養因子）というものがあります。これは、脳の神経細胞（ニューロン）の栄養となるもので、神経をダメージから保護したり新しい神経を作ったりしながら、神経と神経をつなげ、神経を成長・発達・増殖させる働きをもつと考えられています。多くの精神疾患では脳のＢＤＮＦが減少していることが確認されているようです。

反対に、ＢＤＮＦが増加するとＩＧＦ－１（インスリン様成長因子＝ブドウ糖を脳内に運んだりセロトニンやグルタミン酸を作ったりする物質）やＶＥＧＦ（血管内皮成長因子＝血液・脳関門の透過性をよくして、脳の毛細血管を作り、酸素を送る）、また、ＦＧＦ－２（線維芽細胞成長因子＝ニューロンの記憶や学習に欠かせないシナプスでの情報伝達を活発にし、その後もしばらく情報伝達の効率が保たれるという長期増強をする物質）といったたんぱく質も増加するといわれています（１０９ページ図43、１１２ページ図44参照）。

それでは、どうすればＢＤＮＦを増加させることができるのかが問題ですが、歩くこと、歩きながらちょっと難しい協調運動を加えることが効果的だといわれています。また、同様に運動によってＮＧＦ（神経成長因子）も脳細胞のミエリンを修復する働きを高めるという報告も以前から知られています。

そもそも、歩行自体も手とあし、空間認知と手あしの運動というように、二つ以上の運動要素を組み合わせた協調運動なのですが、うまく歩くことができるようになった子には、プラスの運動の負荷を加えることが必要です。

たとえば、毎朝の散歩で坂道を登って階段を下りること、道路の縁石などを平均台代わりに歩

図56　歩く＋協調運動の効用

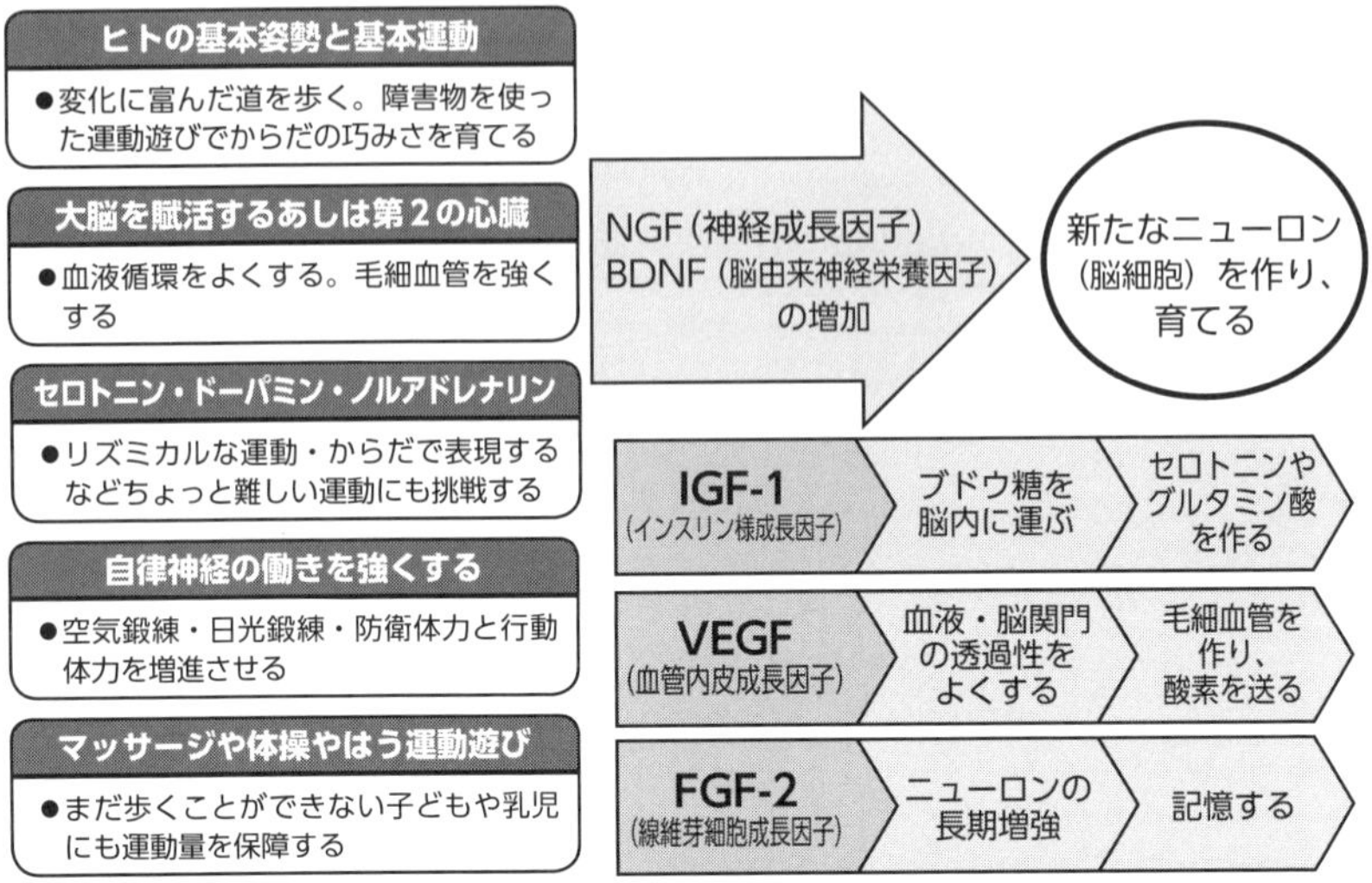
ヒトの基本姿勢と基本運動
●変化に富んだ道を歩く。障害物を使った運動遊びでからだの巧みさを育てる
大脳を賦活するあしは第２の心臓
●血液循環をよくする。毛細血管を強くする
セロトニン・ドーパミン・ノルアドレナリン
●リズミカルな運動・からだで表現するなどちょっと難しい運動にも挑戦する
自律神経の働きを強くする
●空気鍛練・日光鍛練・防衛体力と行動体力を増進させる
マッサージや体操やはう運動遊び
●まだ歩くことができない子どもや乳児にも運動量を保障する
NGF（神経成長因子）
BDNF（脳由来神経栄養因子）
の増加
新たなニューロン（脳細胞）を作り、育てる
IGF-1
（インスリン様成長因子）
ブドウ糖を脳内に運ぶ
セロトニンやグルタミン酸を作る
VEGF
（血管内皮成長因子）
血液・脳関門の透過性をよくする
毛細血管を作り、酸素を送る
FGF-2
（線維芽細胞成長因子）
ニューロンの長期増強
記憶する

くことなどが効果的です。日中は、それよりももう少し高度でエネルギー消費が多い、リズムに合わせてハイハイをしたりからだで表現するリズム運動を行なったり、あるいは、障害物を使った運動遊びやマット運動などの運動遊びもいいと思います。

　また、まだ歩くことができない子どもには、大人の手で子どものからだの各部分の可動域を広げる体操やマッサージなどを欠かさず行ない、子どもの自発的な運動を促したり一緒に這う運動をしたりします。その際に、楽しく、うれしく、おもしろいという快の情緒が伴っていることが重要です（図56）。

3 笑顔の多い毎日になるようにしましょう

1 障害が重い子ほどストレスが大きく、またそれに弱いのです

刺激として有益なストレスをちょうどよく受ければ、「ちょっとがんばる」ことによって発達にプラスに働きます。ところが、限度を超えると有害なストレス応答として、心臓・血管系や脳の働きにダメージを与えたり免疫力を低下させたりします。

図57に示すように、ストレスには、大きく分けて身体的なものと精神的なものとがあります。それに加えて、近頃の子どもたちの生活の様子を見ていると、平日と土曜日・日曜日無関係に日替わりあるいは週替わりで、からだとこころをリセットする間もなく忙しく遊びや習いごとをしている姿がよくみられます。

１日の生活のしかたをみても、「生体の生活リズム」が乱れていて、夜型化している子どもがたくさんいます。夜間に活動で交感神経が優位になり続けると、血管が収縮し、血流が悪くなり、同時に、血液中の老廃物や疲労物質が代謝されなくなるため、筋肉の痛みやこりを招きます。また、ストレスを受けると交感神経が優位になるので、消化吸収に影響を及ぼし、下痢や便秘などを引き起こしやすくなります。

夜に副交感神経を優位に活動させるには、実は昼間の生活が重要です。昼間、いかにメリハリ

図57 子どものストレス

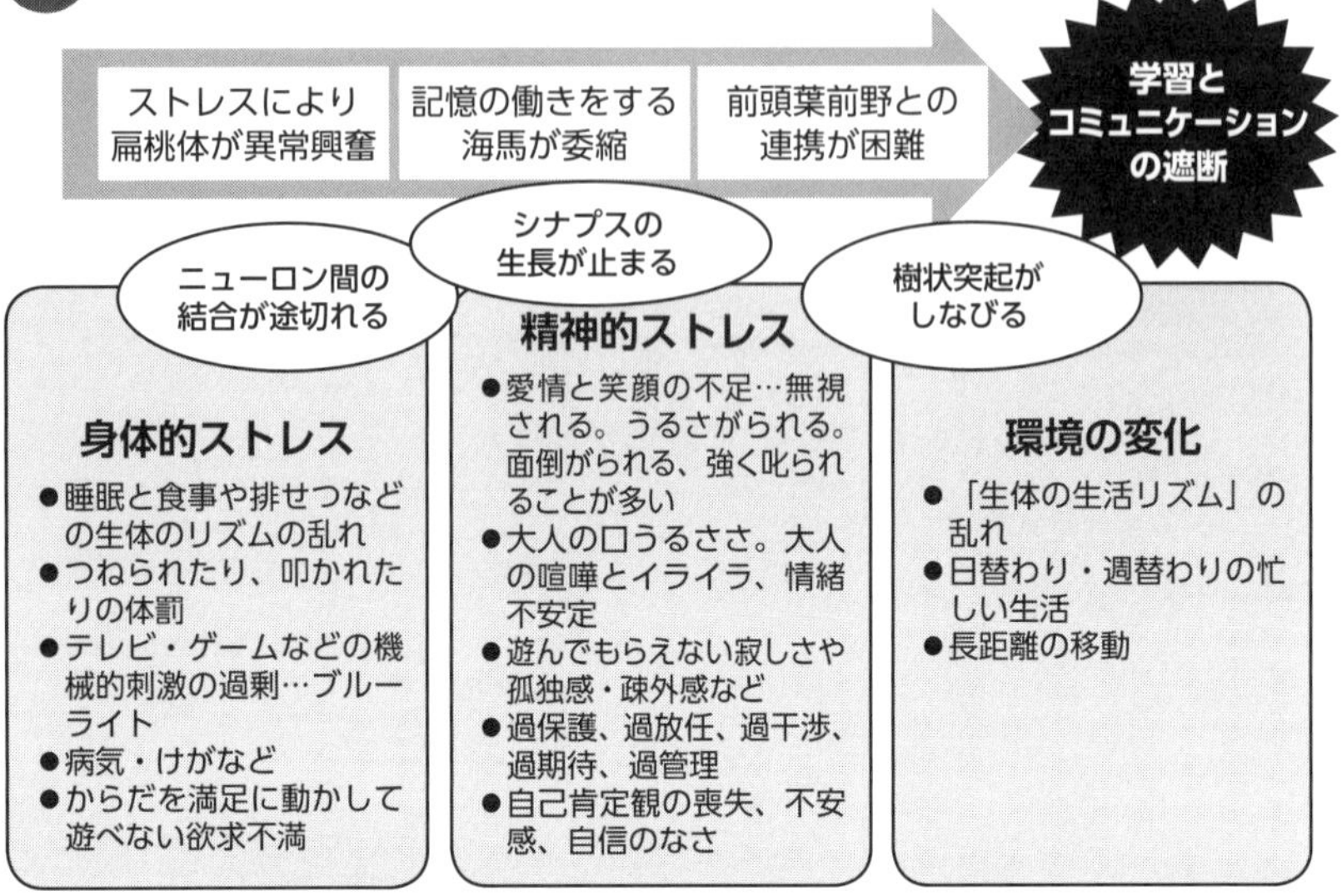
ストレスにより扁桃体が異常興奮
記憶の働きをする海馬が委縮
前頭葉前野との連携が困難
学習とコミュニケーションの遮断
ニューロン間の結合が途切れる
シナプスの生長が止まる
樹状突起がしなびる
身体的ストレス
●睡眠と食事や排せつなどの生体のリズムの乱れ
●つねられたり、叩かれたりの体罰
●テレビ・ゲームなどの機械的刺激の過剰…ブルーライト
●病気・けがなど
●からだを満足に動かして遊べない欲求不満
精神的ストレス
●愛情と笑顔の不足…無視される。うるさがられる。面倒がられる、強く叱られることが多い
●大人の口うるささ。大人の喧嘩とイライラ、情緒不安定
●遊んでもらえない寂しさや孤独感・疎外感など
●過保護、過放任、過干渉、過期待、過管理
●自己肯定観の喪失、不安感、自信のなさ
環境の変化
●「生体の生活リズム」の乱れ
●日替わり・週替わりの忙しい生活
●長距離の移動

をつけた生活をするかにかかっています（117ページ図46参照）。夜間のパソコンなどの電子機器の使用、刺激的な映像、大人の強すぎる叱責、イライラ、口うるさなどは子どもにはストレスになるので気をつけましょう。

強いストレスによって脳幹部の大脳辺縁系の一部組織である扁桃体が異常興奮をし、記憶の働きをする海馬の委縮をもたらすとされています。すると、前頭葉前野との連携が困難になって、学習とコミュニケーションの遮断が生じてしまいます。脳細胞レベルでいうと、脳細胞同士の結合が途切れ、シナプスの生長が止まって情報の蓄積と連絡ができなくなって、やがては樹状突起がしなびてしまうようです。その状態が今では顕微鏡で確認されています。ストレスを増加させるような生活や不快の情緒のもとでは、いくら言っても、何度やらせても無駄だということになります。これは重要な指摘です。

2　情緒をつくり出すホルモン

自分のからだのなかで作られ、微量に働き、その個体の形態形成、体内時計、代謝、成長、行動発現や情緒、その他の生理的過程に特定の影響を及ぼす物質がホルモンです。重要なのは、それがちょうどいい時にちょうどよく分泌することです。図58には、障害がある子に限らず、すべての子の成長・発達を促すことに関係する脳内ホルモンの働きや分泌経路を紹介しました。

さまざまなホルモンの働きは、日中の活動にいきいきと参加し、よく遊び、よく笑い、空腹を感じてよく食べ、そして夜になったら満足してぐっすり眠るという毎日の積み重ねを通して育ちが保障されていくことを示す、生理学的根拠の一つとして考えられます。

たとえば、大脳の前頭葉を活性化するドーパミンを分泌したりそれを受け取ったりするニューロンの興奮などは、すべて覚醒に応じて引き起こされる現象で、オレキシンの中心的な役割だと考えられています（69ページ図25、72ページ図26、128ページ図51参照）。脳内ホルモンのほとんどは、眠りと目覚めをコントロールする脳幹部から分泌しているということも大切な着目すべきところだと思います。

実際、薬物療法では、多動や注意散漫や衝動性のある子に対して、ドーパミンの分泌を促す薬

図58 意欲・情緒・気分を生み出すホルモン

	一言で言うと	関連する感情・気分	その他の関連キーワード	主な脳の分泌経路（投射）
ドーパミン	幸福物質	幸福・快感	報酬系・学習・記憶・動機づけ 運動の調節・表情	中脳（A10 神経）→海馬・側坐核→大脳前頭葉 中脳（A9 神経）→大脳基底核（尾状核・線条体）
ノルアドレナリン	闘争か 逃走か	恐怖・不安・注意の集中 やる気	覚醒・ストレス反応・判断・ワーキングメモリー	橋（青班核）→視床下部→大脳辺縁系→大脳全域
アドレナリン	興奮物質	興奮・怒り・闘争	交感神経（昼の神経）・筋力・瞬発力・緊張	延髄（孤束核）・橋（背側縫線核）→扁桃体
セロトニン	癒しの物質 睡眠誘発物質	落ち着き・ 平常心 元気	こころの安定・睡眠と覚醒をコントロール 表情筋や抗重力筋のコントロール 食欲のコントロール 共感	延髄（縫線核）→脊髄 延髄（縫線核）→大脳基底核（線条体） 延髄（縫線核）→中脳→視床下部→大脳辺縁系（扁桃体・海馬）→大脳全域
メラトニン	睡眠物質	眠気	免疫力など回復物質・体内時計の調節	松果体→視床下部（視交叉上核）
アセチルコリン	記憶と学習の物質	ひらめき リラックス	副交感神経主導モードへ・θ波の発生・休息モード	前脳基底部→視床→大脳辺縁系（側坐核・海馬・扁桃体）→大脳
オレキシン	エネルギー代謝と食欲 睡眠と覚醒	意欲・やる気・活力	正常な睡眠・覚醒パターンの各ステージの安定性や維持 交感神経主導モードへ 食欲増進	視床下部→大脳前頭葉→大脳全域 視床下部→中脳・橋・延髄
β-エンドルフィン	脳内麻薬	多幸感・ 恍惚感	覚醒度アップ・ 精神的ストレス解消・ α波の発生	視床下部→脳下垂体

『脳を最適化すれば能力は２倍になる』 樺沢紫苑著 文響社 より参考一部改変

が処方されています。また自閉症スペクトラム症候群でパニックになって暴れる子には、ドーパミンやセロトニンなどの分泌を促すための薬が処方されています。夜眠れない子には、いわゆる興奮を抑える薬が処方されることもあります。

そういった子の苦痛や困った状態を解決するために、また親や家族の生活や健康を守るためにやむを得ず投薬するケースがありますが、薬はあくまでも対処療法で、根本的な解決方法ではありません。本来ホルモンは自分のからだの中で生成されるべきもので、それを外から入れて中枢神経（脳）に直接働きかけていこうとするのですから、まったく害がないとは言い切れません。薬学もどんどん進んでいますが、さじ加減一つで変わる薬物療法には注意が必要です。根本的には、脳の働きを生活のしかたや情緒のありようによって変えていくことが、堅実ではないでしょうか。

3　快の情緒がストレスを軽減します

障害児・者には、脳や身体の損傷によって、精神的（知的な認識作用も含め）にも大変なストレスがかかっています。たとえば脳性マヒなどによる身体的不自由は、うまくからだを動かせないだけでなく、障害が重度化すればそれだけ、圧倒的な経験不足とそれによる認識作用と活動への不利が重なり、社会的不自由が拡大してしまいます。

自閉症スペクトラム症候群などのなかには、音やにおいや触感に対してとても敏感であったり、キラキラ光る物や回る物にじっと見入ってしまってその場から離れられなくなったり、細かな線や形の違いが気になってこだわったりする姿が見られます。

運動に関しての感覚（関節と筋肉の動きに対する自己感覚）にも、特異性が見られる場合もあります。その場でからだをクルクル回したり、ピョンピョンとび跳ねたり、手を叩いたりなどの行動が、目的や場面にそぐわないところで繰り返されたりします。あるいはまた、微細な脳損傷や高次機能障害による、注意欠陥・多動性障害（ＡＤＨＤ）や学習障害（ＬＤ）などの場合には、他の人には見えにくく、かつわかりにくい不自由とストレスがあります。

快と不快の情緒は、「報酬系」（69ページ図25参照）から分泌されるホルモンの働きによって発現します。報酬系の働きは、学習や環境への適応において重要な役割を果たしているといわれ、大脳皮質の可塑性（働きとしくみが弾力的に変化する性質）に影響するという報告もあります。

図59には、セロトニンの分泌経路と、それが不足した場合の他のホルモン分泌への影響を示しました。朝から体内時計をしっかりリセットするように6時頃起きて、朝食前に少し変化に富んだ道を散歩しましょう。すると、快の情緒をもたらす、セロトニンやノルアドレナリンやドーパミンが分泌されて、ストレスに強い脳の働きをつくっていきます。

肢体不自由があって、自らはからだを十分に動かすことができない子や、ダウン症などの乳幼児期に運動発達の遅れや不活発を示す子どもたちの場合には、運動刺激の不足から、日中の脳の覚醒レベルが低くなりがちです。まだ歩くことができない子には、歩行に代わる体操遊びをより

図59 セロトニンの分泌経路と他のホルモンへの影響

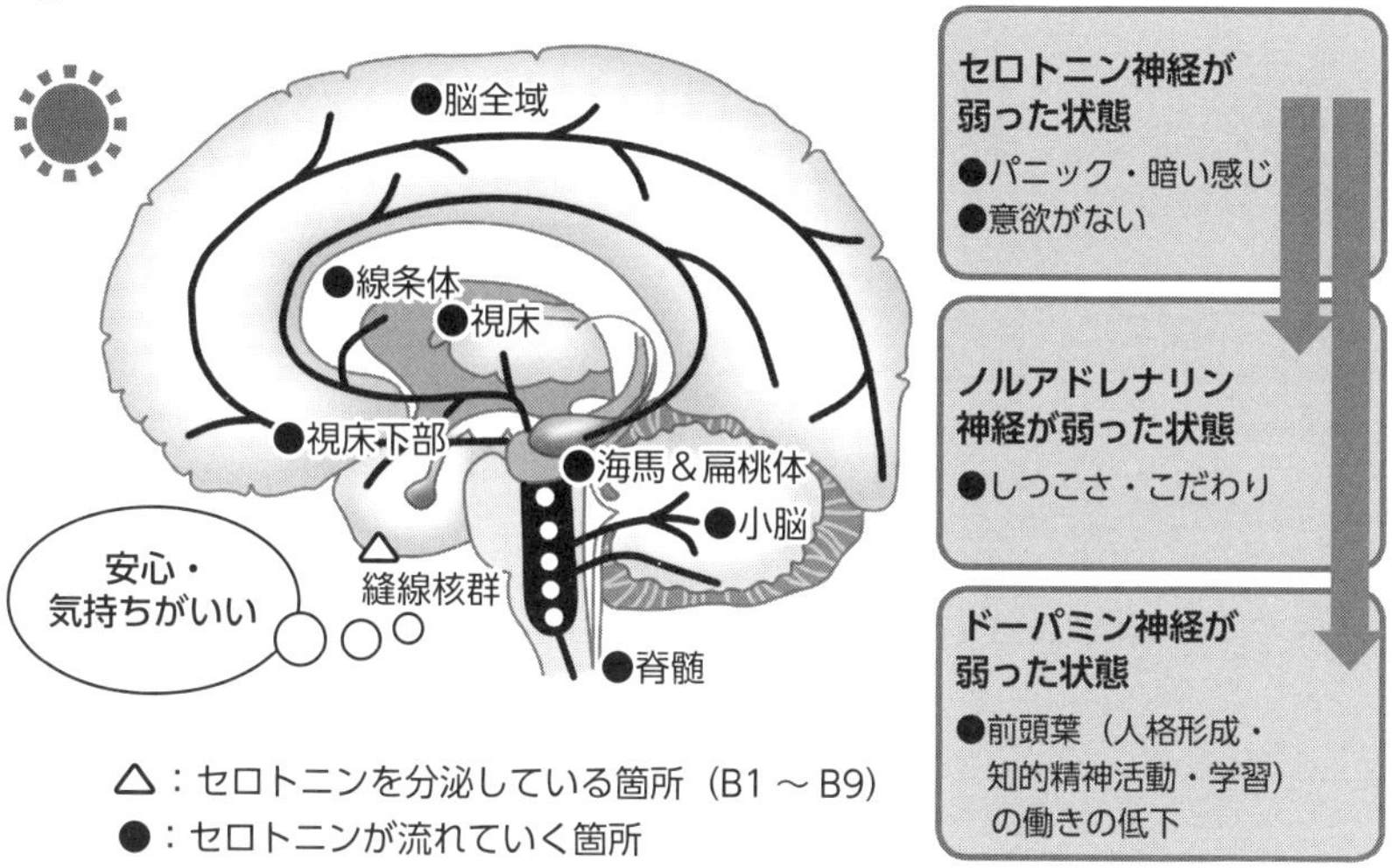

ていねいに加えましょう。

中脳には、見て知る（視覚）、聞いて知る（聴覚）、触れて知る（触覚）、においをかいで知る（嗅覚）などの感覚刺激に対する反応の反射中枢があります（21ページ参照）。外からの刺激に対して、通常私たちは「なんだろう？」と、刺激に対する構えを取ります。そしてそれを選択的に必要か否か、快か不快かの選択をして、自分なりにしっかり受け止めながら反応（行動）します。これが「定位探索反応」です。ちょうどよく適応的に反応するのが通常です。

日中、目を覚まして起きてはいるけれども、ボーっとしていたり、働きかけても反応が鈍かったりする子どもたちがいます。これは、覚醒レベルが低いという状態です。一方で、興奮しすぎて、指示が通らないくらいのハイテンションの状態になってしまう子どもたちもいま

図60 障害がある子の育ちの弱さと現われ方

多動・注意散漫	落ち着きがない	からだのどこかが始終動いている	注意の集中が困難	整理整頓が苦手	忘れ物などが多い
協応動作の弱さ	利き手・利きあしなどの混乱	目と手、手とあしなどの協調運動が苦手	からだの動かし方がぎこちない・不器用		
多弁	よくしゃべり続ける	ことばと行動が一致しない	内言による自己統制ができない	理屈っぽい	
空間認知の弱さ	空間の無視・失認	構成模倣が弱い（真似て書けないなど）	構成失行	方向音痴でよく迷う	
学習の積み重ねの困難	文字の読み書きが苦手	数的処理が苦手	地図が読めない	地と図の判別ができない	図鑑が好き（関係の理解が苦手）
顔貌失認	人の表情がわからない	人の視線が気になる	相手の気持ちがわかりにくい	表情の変化に乏しい	
感情表出の弱さ	感情を表わすことばや行動が現われにくい	声の大きさや高さのコントロールが難しい	ロボット的で抑揚のないしゃべり方をする		
感覚の過敏または鈍感	聴覚に関してこだわる	視覚に関してこだわる	においに関してこだわる	味覚に関してこだわる	触覚に関してこだわる
定位探索反応の弱さ	刺激に対して反応する構えができない	刺激を選択的に受け止められない	調節しながら反応できない	適切な行動がとれない	

す。意味もなくとび跳ねたり、奇声を発したり、突然笑い出したりする場合もあります。

いずれも、ちょうどいい状態で、大脳に刺激がいっていないのです。刺激と一緒に発現する情緒（ホルモン分泌）は中脳と視床下部、好ましいか否かを判断する扁桃体、記憶する海馬、感情を総合して思考・判断していく前頭葉などの働きが低下してしまっているのかもしれません。

図60には、障害や発達の弱さがある子どもたちによく現われる症状を示しました。これら一つひとつはそれ自体が障害の原因ではありません。また、一般的にも、器用に運動ができない人、方向音痴な人、感覚刺激に敏感な人などさまざまな人がいます。それを障害と言うかというとそうではありません。

いずれの場合にもいくつかの項目で度を越して気になるところがあり、社会適応に困難な状態で、本人（あるいは保護者など）も不自由を感じている場合に、脳の器質的損傷あるいは機能的未発達を考えてみる必要があると思います。

根本的原因は、脳の損傷や働きの低下にあるのですから、脳の働きを高め、変えていくようなとりくみをしなければ、子どもの発達を今よりも進める課題解決には至りません。そのためには、まず家庭と保育・教育機関が手を携えて、子どもが「生体の生活リズム」を獲得するよう、しっかり1日24時間の生活の積み重ねを保障していくことが大変重要だと思います。

第4章 家庭と連携しながら育てる

家庭との連携なしには、障害がある子の発達を促し、不自由を軽減・克服するためのとりくみはできません。なぜなら、夜の眠りと朝の目覚めや食事と排泄のリズムが整っていない状態で、日中の活動が楽しくできるはずはなく、また、保育・教育機関で十分な運動や発達課題に則しながらも楽しく充実した活動がなければ、家庭に帰って夜はしっかり眠ることなどできないからです。このように、「生体の生活リズム」の考え方は、ただ単に、「早寝・早起きをしましょう」という単純なものではなく、日中の活動の内容や人間関係のありようにまで及ぶものです。

子どもの発達は、「生体の生活リズム」に深く関係していて、毎日の生活を通して、脳を含めたからだとこころ、それに伴う運動と認識の過程が変化し、その積み重ねが育ちとなって現われていきます。ですから、1日24時間、まるごとの生活をどのような内容で積み重ねていくのかを、保護者と指導者が共通の理解のもとでそれぞれの役割を担い合い、子どもの発達的変化を共有していくことが重要です。

これから紹介していく1日の生活のしかたについての提案を休まず正しく続けて実践していくと、子どもは変化をしていきます。

まず、表情がいきいきとしてきます。目が合いにくかった子どもならば、視線が合うようになってきます。また、楽しい遊びへの反応がよくなって、目を合わせて笑う力が育ってきます。楽しいと思った遊びを「もう1回やって」と要求するようになるのと同時に、大人の指示を理解するようになってきます。そうなれば発達課題に対するとりくみがしやすくなります。このような脳やからだの働きに変化が生じ始めるためには、少なくとも数カ月は要します。しかし、「生体の生活リズム」を守り育てる生活を継続して習慣化していくと、育ちが加速されて、障害や発達の遅れが軽減していきます。

家族みんなで、雨天の日も朝6時頃に起きて、朝食前の散歩をしましょう。散歩後は、おいしく朝食を食べる習慣を身につけます。大人は普段から、笑顔を心がけ、子どもと一緒になってからだを動かして遊ぶようにします。その遊びは子どもの発達課題を獲得していくような内容にします。また、テレビ・ゲーム類・機械的刺激などのストレスや一人で所在なく過ごす時間（孤独）をできるだけなくすように工夫することも重要です。

大人がしていることをよく見て、真似ながら家事を手伝うことを好むように働きかけていきます。そして、夜8時頃には、満足感で満たされて眠りにつくように、夕食や入浴を済ませます。1日を振り返り、明日をよりよい1日にしていきましょう。こうした生体リズムに添った生活リズムが気持ちのよいものだと実感するのは、障害がない子どもや大人からです。

とりくんでも何も変化が見られないとしたら、それはどこかにまちがいや不足があるのではないかと思います。もう一度、生活のしかたや笑顔が不足していなかったかどうか振り返って見直してみてください。この生活の実践は、脳の可塑性を高めていくためのものですから、決して簡単なことではないと思います。最初からすべてを実践することが難しいという人もいるかもしれませんが、どれも大切で、欠くことはできないものですから、家族や仲間や指導者の協力を得て、ぜひとりくんで欲しいと思います。

保育・教育機関や支援事業の指導者は、科学と発達を正しく捉え、生活のしかたや子どもの発達課題について保護者と一緒に考えていくことが望まれます。もっと脳やからだの働きとその育ち方が解明されていったら、発達を保障していくより有効な方法を見つけることができると思いますし、私はその時が来ることを期待しています。どの子も発達する権利があり、大人はそれを保障していく義務があります。

障害や発達の遅れをもつ子どもについてはその育ちを保障するために、みんなが力を合わせてでき得る限りの手立てを考え、学び合い、手厚く育てていくことが人間らしさだと思います。

1 子どもの生活と発達の保障は、家庭でのとりくみが欠かせません

1　子どもの発達は1日24時間の積み重ねで変わります

子どもの発達は、１日24時間の生活の積み重ねで保障されます。障害がある子にとって、生活習慣の自律は社会生活を送るうえでも大変重要です。毎朝機嫌よく起きて、朝ご飯をしっかり食べて、どの子も元気に意欲的に、自分の力を発揮できる場所に向かっていくことが、できるようになって欲しいと思います。

とても当たり前のことなのですが、障害児・者に限らずそれが難しく、学校に行くことができない、社会に出て働くことができない、自律と自立が難しい人たちが年々増加していっているのが、今の日本の現状です。また、働いてはいるものの、自分の身の回りの物の管理や掃除ができない、コンビニ弁当やファーストフードで朝晩の食事を済ませるか、朝ごはんを食べないなどといった人たちも多いのです。

私は、子育てや教育の第一歩は、子どもを夜しっかり寝かせることだと言っても過言ではないと思っています。睡眠・覚醒リズムや、ホルモン分泌のタイミングなどから明らかなように、ヒトは昼行性の動物で、夜働くとその人の脳・からだ・こころに多くの負担がかかり、健康な状態

図61 生活習慣の自律を促す

快起・快眠	現代型不眠症（テレビ・ビデオ・パソコン・スマホなどの使用による扁桃体の異常興奮）に要注意

● 「生体の生活リズム」の根幹をなすもので、眠りの中で脳とからだと情緒は守り育てられる
●体内時計と時計遺伝子を毎朝リセットしながら、正しく働かせる

排泄	副交感神経が働くなかで排泄が促されるのでストレスを与えない

●朝の排便の習慣。朝ご飯を豊かに、朝食後ゆったりとした時間をとる
●腹筋や排泄に必要な筋肉を強くする

食事	おなかが空くリズムを育てる。おいしい・楽しい・うれしい食事

● １日３食の中で、朝食を豊かに食べる。水を飲むことも大切
●和食中心の食文化を大切に。野菜嫌いの偏食は早めに直す

快動・快笑	日中は活動的で、人との関係でよく動き働き合い、笑い合う

●夜の睡眠が日中の活動を支え、日中の活動を充実させることは夜の眠りの質をよくすることにつながる
●笑顔や情緒は、ミラーニューロンシステムの働きによって、人から人へ伝わっていく

清潔の習慣	歯磨き、洗顔、洗髪、入浴、手洗いなど、自律神経の働きをよくし、健康増進につながる

●衣服の着脱から始め、生活の流れのなかで習慣化していく
●手伝ってもらいながら真似して、少しずつ独力でできることが増えるようになる

手伝い活動	手伝い活動から家事労働、その他の生産労働へ

●家族の一員としての役割をもち、できることは進んで行なう
●物の持ち運び、片付け、調理、掃除、買い物など、一つひとつのやり方は、親しい大人の行為がその手本となっている

を維持していくのにも、大変な努力が必要です。それは、先述したように、体内時計とその時計の主要な部品ともいえる「時計遺伝子」のリズムを狂わせてしまうからです。

ですから、早く寝るのはもちろんのこと、前の晩何時に寝たとしても、朝6時頃起きて散歩をすることが重要です。子どもの脳は可塑性に富んでいるのですから、脳の働きの要である体内時計をリセットすることから始めます。そして、日中は笑い合う人間関係のなかで、大人や仲間の手本を楽しく真似しながら学ぶ活動を十分に保障します。すると、夜は満足して寝つくようになっていくでしょう。

こうした生活が重要なことを、親と保育者・教師などが一緒に学び、子どもの発達的変化に気づき、子どもの育ちを喜び合うことができる関係を、互いにつくっていくよう努力することが大切です（図61）。

2　子どもの発達を促す生活にとりくみましょう

子どもの発達を促すために、身につけたい生活習慣は図62に示した通りです。これらは、障害の軽減・克服のためにどの子にも最低限必要なことで、ぜひやって欲しいことです。とても当たり前で、お金もかからない、家族全員の健康増進にもなることです。しかも、そこには科学的根拠があります。

図62 子どもの発達を促す生活

①朝6：00頃機嫌よく起こすことから始めます

- 前の晩何時に寝ても、夜中に起きても、6：00頃起こす
- 窓を開けて空気を入れ替え、笑顔で何度かことばをかける。浅い眠りを誘発させてから機嫌よく起こす

②朝食前に、2～3㎞を少し早歩きで20～30分散歩しましょう

- 全身の血液循環がよくなり、脳とからだの働きが活発になる
- セロトニン・ドーパミン・オレキシンなどの脳の働きを活発にするホルモンの分泌を促す

③朝食を好き嫌いなく、おいしく食べましょう

- 体温が上昇して脳とからだがいきいきとする
- 朝の排便が定着しやすくなる

④午前中は楽しく発達課題にとりくみましょう

- 「できた！わかった！」という、発達的変化が積み重なるような課題の設定が重要
- 楽しみながらがんばってやっていると、ドーパミンやノルアドレナリンなどの働きにより、大脳全域と前頭葉の働きが活発になる

⑤日中はたくさん運動しましょう

- 運動すると、筋肉→脳幹網様体→大脳→毛細血管へと脳の働きが高まる
- 運動を楽しく夢中でやると、BDNF（脳由来神経栄養因子）やNGF（神経成長因子）が増加して、神経細胞の成長や記憶増強を促進する

⑥笑顔の多い毎日にし、情緒を強くしましょう

- 大人が笑顔を向けると、子どもの情緒が安定する
- 反対に、大人が怒りっぽくイライラし、悲しそうな表情や困った顔をしていると、子どもの情緒はさらに不安定になる

⑦夜は20：00頃には寝る習慣を身につけます

- 眠りを安定させるために、寝ている部屋は暗闇と静けさを保障する
- 寝る前のテレビやビデオの視聴は厳禁（ブルーライトによりメラトニンの生成が困難→不眠の原因になる）

しかし、これを習慣化すれば当たり前によいと思われることが、なかなか難しいようです。「（２～３日、あるいは、１～２週間くらいは）がんばったけれども、子どもが風邪をひいたのをきっかけに続かなくなってしまった」という声が多いのが実情です。実際、この早起き・早寝、朝食前の散歩をするという生活を送ってしばらく経つと、からだの働きに変化が生じてきて、微熱や風邪のような症状を示す子どももいます。

それは多くの場合、主として脳や自律神経などの働きの変化の兆しで、風邪や病気ではないので、その生活を続けていくと症状はなくなり、以前よりもいきいきとした姿に変わってきます。

これまでの経験から言えば、１日も休まずに生活を積み重ねていくと、約２～３カ月くらいで、子どもに発達的変化が見えてきます。さらに発達的変化を繰り返し積み重ねていくと、障害も軽減されるようになっていきます。もし、子どもに何の変化も生じないのだとしたら、実践のどこかにまちがいや不十分なところがあるのだと思います。

日本人の就床時刻は、１９６０年代の高度経済成長期から遅くなり、睡眠時間は減少する一方です。社会全体が昼夜問わず働き続け、深夜営業のお店の明るい光が照らし続けるなかで、大人の生活が変わり、子どもの生活がそれに引きずられています。テレビ、ビデオ、ゲーム、インターネットの影響は子どもの世界に入り込み、遅寝の要因になっています。「生体の生活リズム」を守り育て、脳とからだを発達させるためには、睡眠軽視の大人社会の変容が必要であり、子どもの健やかな成長を願う地域ぐるみのとりくみが大切だと思います。また、睡眠に対する知識をもっと豊かにしていく必要があると思います。

3　親・大人が変われば子どもが変わります

これまで、障害や発達に遅れがある子の発達課題やそれを獲得していくための生活のしかたとその内容について詳しく紹介してきました。

当然のことながら、子どもが発達課題に自ら進んでとりくんだり、1日の生活リズムを生体のリズムに合わせることは非常に困難です。障害を軽減しながら克服していくためには、その子自身の育つ力をうまく引き出しながら、発達課題にとりくむ手助けをしていく周囲の大人の力が不可欠です。

特に、「生体の生活リズム」を守り育てるためには、その家族の生活のしかたが大きくかかわってきますし、子どもと楽しい生活を送るためには、大人がより健康でいきいきとした毎日を送ることが必要条件となります。仕事優先の生活を余儀なくされている親御さんが多いかもしれません。あるいは、専門職という立場にあっても研修・独習の時間が保障されていない人もいるかもしれません。

しかし、大人が不健康で学びのない状態では、障害児の成長・発達を促すとりくみは実現できません。子どもは一番身近な大人や仲間との生活のしかたや立ち居、振る舞いを手本としながら

図63　親・大人が変われば子どもが変わる

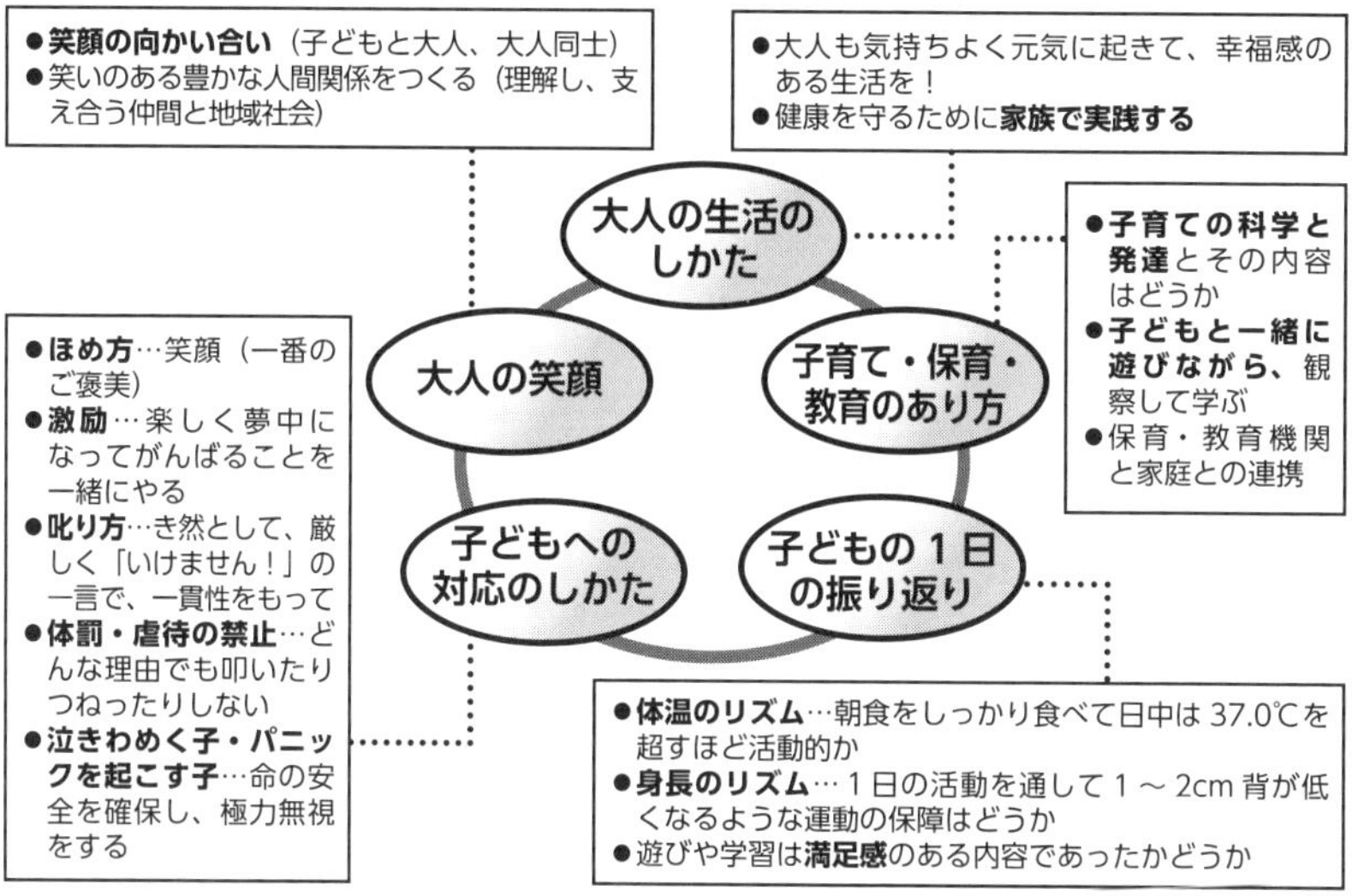

育っていくからです。そのためにも、現実は厳しくともせめて笑顔で、自身と家族の幸せを守るための戦いを、仲間と一緒にしていきましょう。

子どもに早起き・早寝の習慣を身につけさせたいと思ったならば、大人は子どもよりも早く起きて笑顔で「おはよう！」と声をかけます。子どもよりも先に顔を洗い、子どもと一緒に朝食前の散歩に出かけます。

また、偏食なく朝食を豊かに食べさせたいと考えたら、大人がおいしく朝食を食べている姿を見せることが大切です。そして、夕方には仕事を終えて、夕食と家族の団欒《だんらん》を大切に、子どもは夜8時頃には寝かせるように工夫します。その後は、大人の時間を大切にしながらも、子どもの1日を振り返り、明日の実践につなげていきましょう。夜更かしはせず、自分の睡眠も大切にします。

また、子どもへの接し方は、一緒に手本を示しながら励まし、笑顔でほめる。叱る時はき然として、一言で必ずやめさせる。さらに、どんな場合でも体罰・虐待はいけませんが、泣きわめく子には安全を確保しながらその時は極力無視をして、子どもが落ち着いて大人の方に来るのを待つことも大切です（図63）。

❷ 愛着と信頼関係が、子どもの育つ力を引き出します

1　子どもの発達を妨げる大人の子育て態度

障害がある子の子育てや指導・支援のしかたを見ていると、「かわいそうだから。わからないのだから（できないのだから）しかたない……」という憐れみとあきらめが、子どもの甘えやわがままを助長し、成長・発達を阻んでいるのではないかと思う場面に出合います。

その一方で、「遅れを取り戻すためにもっと何かがんばらせて、できるようにさせたい」という大人の思いが強く出ていて、口うるさいほど子どもに指示を出したり注意をしすぎたりしている人も多くいます。このように、障害があるなしにかかわらず、子どもの自律性と自立性がちょうどよく育つ大人の態度は、とても難しいことなのでしょう。子どもの様子を見ていると、その

図64　子育ての態度の「大人の五つの戒め」

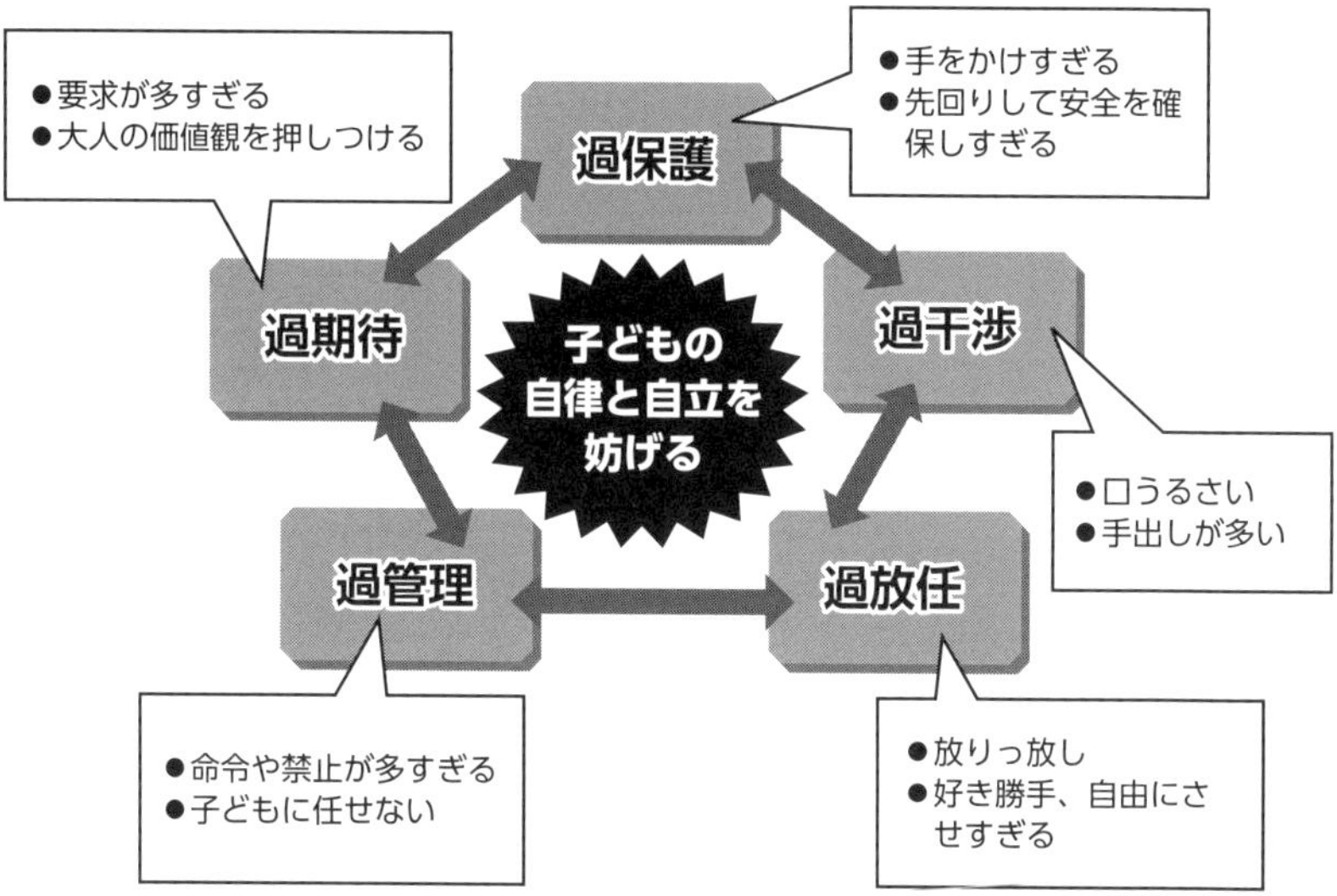
●要求が多すぎる
●大人の価値観を押しつける
●手をかけすぎる
●先回りして安全を確保しすぎる
過保護
過期待
過干渉
子どもの自律と自立を妨げる
●口うるさい
●手出しが多い
過管理
過放任
●命令や禁止が多すぎる
●子どもに任せない
●放りっ放し
●好き勝手、自由にさせすぎる

どちらもが、孤独やストレスとなって育ちをゆがめているように思います。

河添邦俊先生は、大人が自戒したい「子育て態度の五大罪悪」を提案しました。それは、過保護・過干渉・過放任・過管理・過期待の五つです。

私は、「大人の五つの戒め」として提案したいと思います（図64）。そもそも子育てには、保護も干渉も放任も管理も期待も、どれもみな必要なことです。しかし、それがいき過ぎてはいけないのです。

たとえば、子どもの成長・発達に必要な「生体の生活リズム」については、特に管理が必要です。いつ起きてもいいし、いつ寝てもいいというわけではありません。それは、過保護と過放任ではないでしょうか。脳・からだ・こころの発達に、早起き・早寝の睡眠は大変重要だからです。偏食などの食事の問題があるのに、菓子パンやジュースを与えてしまうのも同じです。さらに、当たり前のことを「えらい！　すごいねえ」と、ほめすぎるのも、「だからダメって言ったでしょ」と、愚痴を繰り返すのも問題です。

また、要求が通らないと泣きわめいたりその場で動かなくなったりする子に対して、機嫌をとったあげく、最終的には根負けしてしまうのも、過保護と過干渉です。子どもは、泣き叫んだり暴れたりして頑固にしていれば、大人を操れることを学習してしまうだけです。大人は、子どもの自律性と自立性を高めていくような楽しく、かつ、憧れの存在であるよう、賢さと威厳ある態度をとることが望まれます。

2　相手をしてもらえないことが一番の苦痛

昨今、子どもたちの育ちを阻害していると言われている「現代型不眠」は、障害や育ちの弱さがある子にも当てはまります。現代型不眠の原因の一つは、テレビやビデオ、さらには電子端末を使ってゲームなどを長時間あるいは夜遅くまでし続けることです。無自覚のまま依存度が高くなるばかりでなく、脳が興奮してストレス状態になってしまい、夜の寝つきを悪くします。

その結果、遅寝・遅起き、睡眠不足の原因になります。日中ボーっとしやすいだけでなく、活動中にもテレビアニメのシーンを思い出し空想にふけって、プリンセスやヒーローになりきって

図65　絵本のやり取りとテレビの孤独

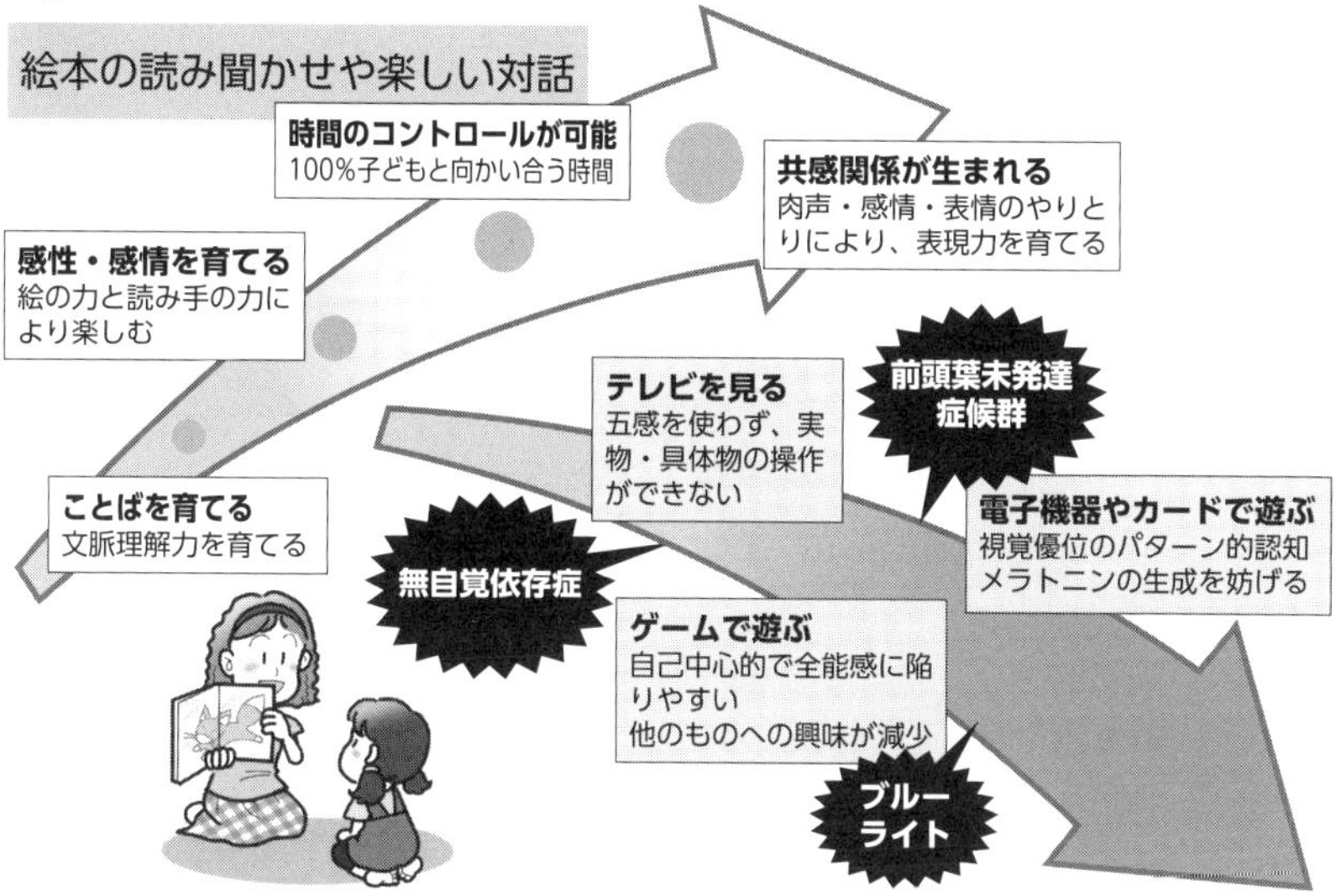

ブツブツつぶやいている姿が見られます。その結果、仲間との活動やコミュニケーションの妨げになってしまいます。

子どもの育ちを保障していくためには、夜の眠りの中で脳の育ちを促していくことが必要ですので、機器類やメディアの視聴、ゲームには制限・管理が必要です。

しかし、子どもから一方的に取り上げるだけではだめです。テレビやゲームに勝る、豊かな人間関係のなかで展開される遊びの保障が必要です。一人で所在なく過ごす時間が多くなったり大人から口うるさく注意されたりでは、遊ぶ力もコミュニケーション能力も育ちません。

それでは、「何をして遊べばいいのかわからない」という質問がよく出されます。そういった場合には、大人が楽しみながら、表情豊かに、絵本の読み聞かせをしてみてはどうでしょう。

絵本の読み聞かせは、子どもと100%向かい合う時間です。

母親がわが子の写真を見ている時と他人の子の写真を見ている時の、脳の活動を比較した研究があります。それによると、わが子を見た方が中脳—視床下部—大脳辺縁系—側頭葉—前頭葉の活性が高いといいます。また同様に乳幼児も、他人より母親の笑顔を見た時の方が脳が活性化するようです。写真ですらそうなのですから、快の情緒や愛着関係をつくるのに、実際に笑顔で目と目を合わせて遊ぶことが有効なことがわかります。情緒が不安定で母子分離が苦手な子には、大人から笑顔で向かい合う時間を増やすと、情緒・動機づけ・記憶の働きがよくなり、安定化するのは明らかです（図65）。

3　自己肯定感や自己可能感が低くなりがちな障害児

「できないこと」や「わからないこと」は、決して悪いことではありません。人は誰でもできないから、手伝ってもらいながらできるように努力していくし、わからないから教えてもらってわかるようになっていくのです。けれども実際には、多くの障害児が、指導や支援は受けているけれども自信がなく、自己肯定感が低い状態ではないかと思います。私は、子どもたちが、◯か×かのパターンで覚えるのではなく、試行錯誤して自信と自己可能感を高めていくような指導や支援が必要だと思います。

障害があると、脳の働きの弱さから、人間関係に最も重要な快の情緒の発現、そこからくる表情の変化や笑顔・笑い声などが乏しくなります。快よりも不快や不安が強いと、大人からいつまでも離れられませんし、自身を安定させるために、人・場所・順番・物にこだわっていきます。不安だとより表情は硬くなり、視線が合いにくくなりますし、どこを見ているのかわからないといった状態にもなります。そのような精神状態では、他の人に要求や興味関心を示しながら真似て遊ぶことなどできないのです。また、ルールがわからないから守れない、だから一人でいることが多くなってしまい、集団の活動に参加ができないということもあるのです。

そうした子どもの状態を理解したうえで、子育てや指導・支援が必要です。子どもには、生活と遊びを通して快の情緒を拡大させ、ヒトの特徴的能力を獲得させるような活動内容が大切です。「できた！　わかった！」という実感は、何にも勝る快の情緒の拡大と自信や自己可能感につながります。この力が、自律性と自立性を一層育てていきます。やがて、それまでとは違う「○○だ」だけでない、自分の認識を振り返って改めて「○○ではない△△だ」という行動修正の力が育っていきます。そうなるにはたくさんの試行錯誤や失敗の経験の積み重ねが必要ですが、大変重要な力ですので、ぜひとも身につけて欲しいと思います。

障害児の保育・教育に携わる人たちには、高い専門性が求められます。それは、脳・からだ・こころの発達について、科学と発達論に基づいた多くの知識と技術をもったうえで根気よく指導することが要求されるからです。障害がある子ができることやわかることを増やしていくのは、

図66 「できる！　わかった！」という自己可能感を育てる

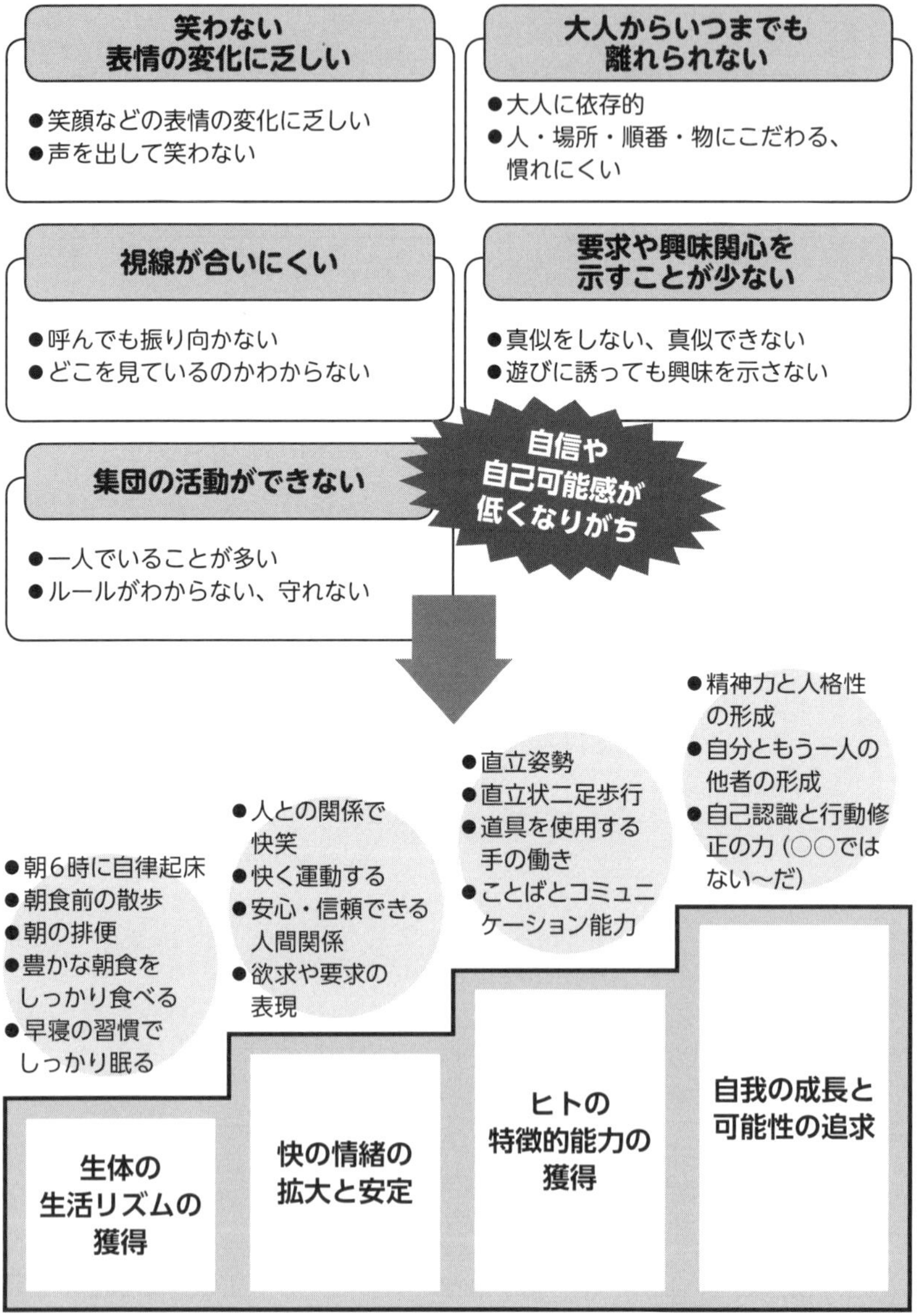

容易ではありません。しかし、家庭との連携と指導の積み重ねがあれば、少しずつ不自由を軽減していくことができる、可能性に満ちているものです（図66）。

③「思春期の子どもは難しい」のはなぜでしょう

1　成長過程で大切な思春期

よくある質問の一つが、「障害がある子の思春期をどう考えたらいいのでしょうか」というものです。

私は決まって、「それは障害があるからといって、特別なことではありませんから、今まで通りの規則正しい生活を続けてください。できることを増やしながら、自律性と自立性を育てていってください」と答えています。

どうしてこのような質問が出されるのでしょうか。その背景には、障害がある子が思春期になると、とても育てにくくて何か厄介な問題が起きることが多いというような、先入観や思春期の子どもたちから受ける印象があるのでしょう。

障害があるなしにかかわらず、通常は誰でもからだが大きく成長して、やがて10代の前半頃から思春期を迎えます。視床下部で合成し下垂体から分泌されるゴナドトロピン放出ホルモン（性

図67 思春期の子どもの変化

ゴナドトロピン放出ホルモン（gonadotropin releasing hormone:GnRH）

からだ

- **脳**（視床下部→下垂体→性腺）とからだの発達
- **男子**…精巣・生殖器の成長・男性ホルモン（アンドロゲン）の増加
- **女子**…乳房・卵巣・生殖器の成長・女性ホルモン（エストロゲン）の増加・子宮内の変化と月経のリズム

こころ

- 性的衝動・性的関心（性への関心と同性とのつながり）
- 社会への関心…若者文化（ファッション・スポーツなど）への関心
- 自己主張と他者批判のなかで自己認識をしながら行動修正をしていく

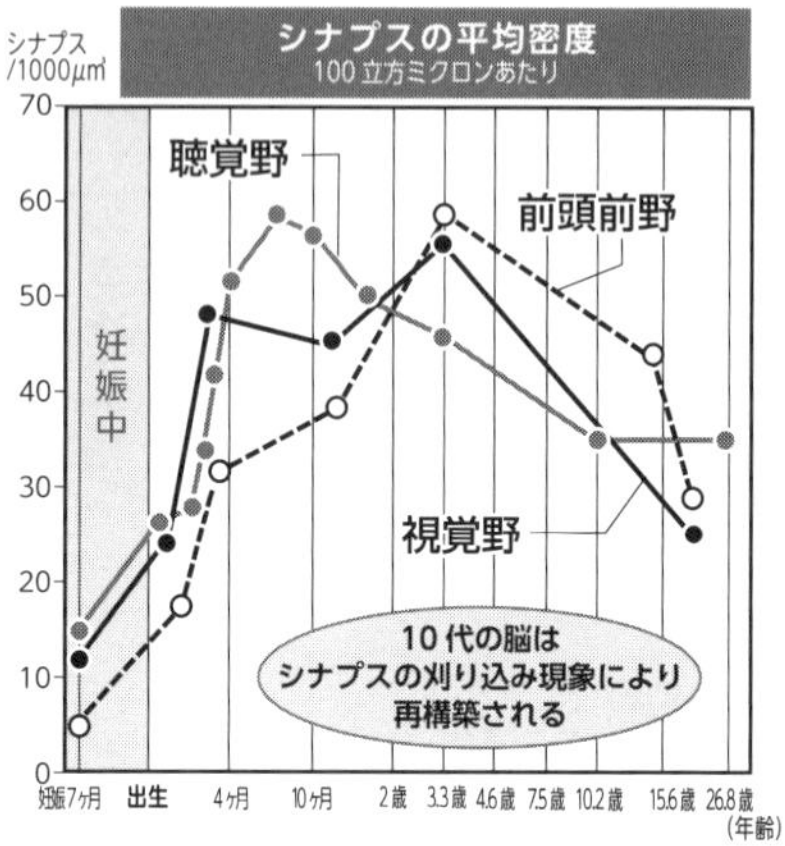

Web「生物史から、自然の摂理を読み解く」より引用

腺刺激ホルモン放出ホルモン）によって第二次成長が始まるのです。男子では男性ホルモン（アンドロゲン）が増加して、精巣・生殖器が成長していきます。女子では女性ホルモン（エストロゲン）が増加して、乳房・卵巣・生殖器が成長します。また、女子は、子宮内の変化に伴い月経のリズムをもつようになります。

　そうしたからだの成長の一方で、こころのありようも変化していきます。性への関心が高まり、性的衝動も現われてきます。その半面では、自分と他の人の違いと共通点を知る過程で、男同士・女同士と、同性とのつながりが強くなっていきます。社会への興味・関心が広がり、特に若者文化（ファッション・スポーツなど）へは関心が高まっていきます。同じような考えや趣味をもつ者には親しみをもって、いきいきと自分を表現する力も育ちます。そして、自己主張と他者批判のなかで、自己認識をしながら行動修正をしていく、自律性と自立性を一層高めていきます。

また脳も著しく発達していきます。特に前頭葉は、よく使われる必要なシナプスだけが生き残りながら強く結合し、不要な結合は除去していく「シナプスの刈り込み」をしているといわれます。脳の働きが再構築されていくこの時期は、個人の興味・関心が強くなり、他者からは予想しにくい言動が現われるのです（図67）。

2 「問題行動？」をどう考えればいいのでしょうか

前頭葉をはじめとする脳が発達途中にある10代の頃は、自分がこうだと思い込むと、他の人の意見を受け入れないという頑固さを示すことも少なくありません。大人の期待や社会的要請に困惑したり応えなかったりします。

確かに、私の職場の近くのバス停あたりで座り込んでいる子やパニックを起こしてしまっている子、電車の中でブツブツと車内アナウンスを真似ている青年などをよく見かけます。知っている子であれば、「どうしたの？」と声をかけることもあります。そばに支援者がいるようであれば黙って見守っているだけの時もあります。そんな時、まず他の通行人などに迷惑がかからないような配慮はされているか気にしますが、その子が何に困ってそうした行動になっているのかもとても気になります。

図68　障害がある子がもちやすい不安や問題

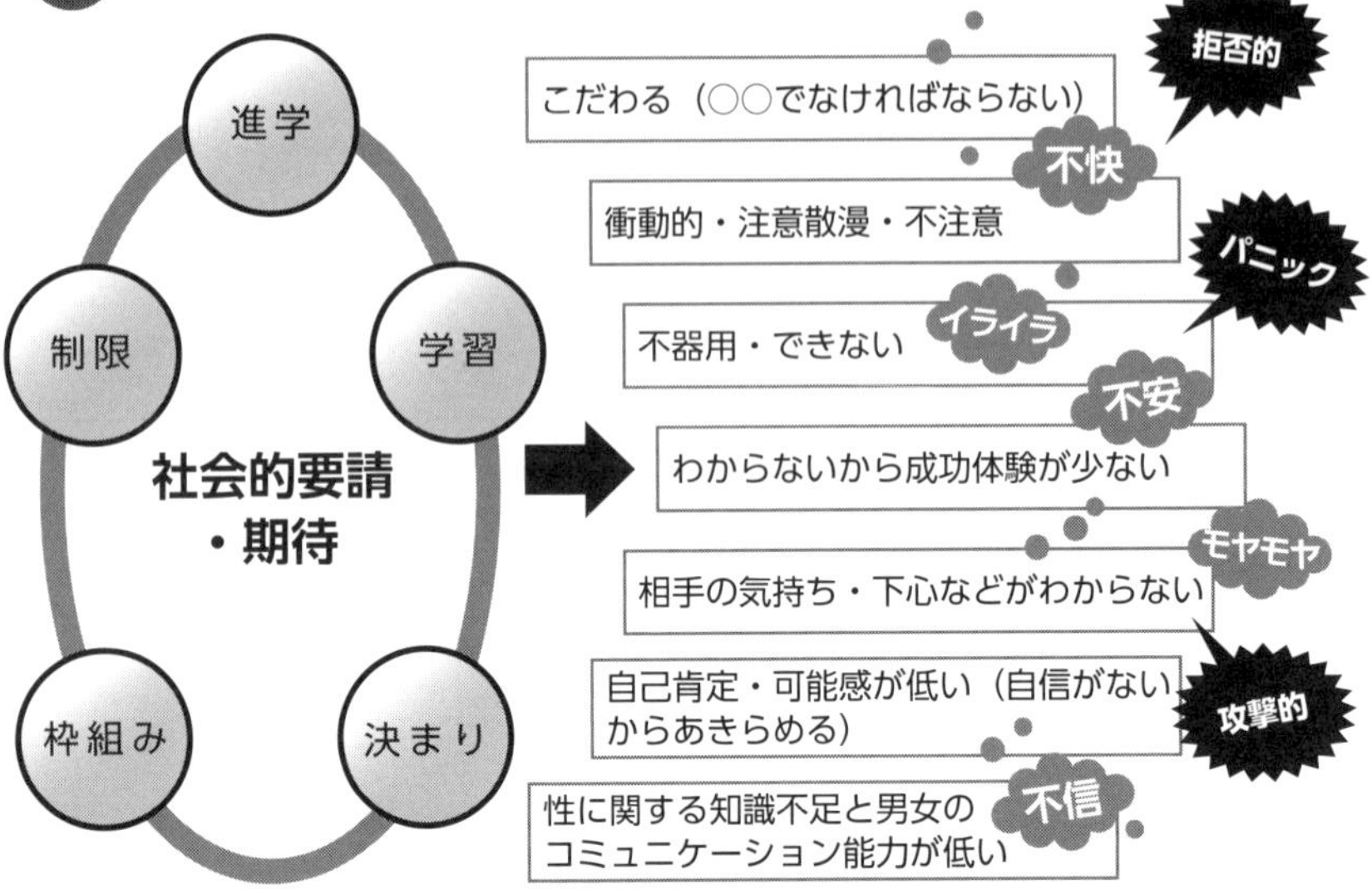

その子は、思春期になってから急に、座り込んだり暴れたりするようになったのでしょうか。多くの場合は、大人の都合や理屈では動かない頑固さや、納得や見通しがもてないことについては強く拒否するような状態が、以前から大なり小なりあったのではないでしょうか。思春期になってからだつきが大人に近づくにつれて、もう力ずくでは動かせなくなっている姿なのではないでしょうか。

いったん「イヤだ！」となったら梃子《てこ》でも動かないし、からだの大きさとパワーでは、成人男性だってかなわない場合もあります。しかしそれは、障害がある子もない子も同じなのではないかと思います。

今、子どもが思春期を目前にしている、もしくはその真っ只中にいて、もしも、子どもへの対応に困惑しているのだとしたなら、これまでの子育てや指導のあり方を振り返ってみましょう。その時その時のさまざまなきっかけから、子どもが幼いうちから大人を振り回し、従わせることを覚えてしまってはいないでしょうか。そうしたつもりがなくても、子どもの言いなりになってしまっている大人が多く見られます。あるいは大人の方が子どもの障害を理由にして、必要以上に保護したり甘やかしたり、その反対に口うるさく注意し管理しすぎたりしたのではないでしょうか。そうした状態を積み重ねてきた結果が、今に至っているのだという認識をもち、今後どうすべきかを検討することが大切です（図68）。

3　どの子も仲間と共に自立していきます

思春期の子どもも成長・発達していく途中にあるのですから、できることやわかることを増やしていきます。障害があってその歩み方はゆっくりでも、発達的変化を遂げようとがんばっています。他人を傷つける行為や命の危険に対しては、大人は、しっかりと教えたり叱ったりしなければなりませんが、それ以外で本気で強く叱るようなことは、本来は少なくていいはずです。

しかし、実際は子どもを怒ったり、口うるさく注意や指示を出したりすることが多いのではないでしょうか。その多くの原因は、大人の都合上好ましくなかったり、望まないことをされたり、大人に配慮や余裕がなかったりする場合に、子どもを怒ってしまうのではないかと思います。「怒る」という感情的な表現行為は、もう大人に差しかかっている子どもたちには通用しません。

図69 個人の尊厳を大切にしながら、
どの子も仲間と共に自立していく社会の実現を

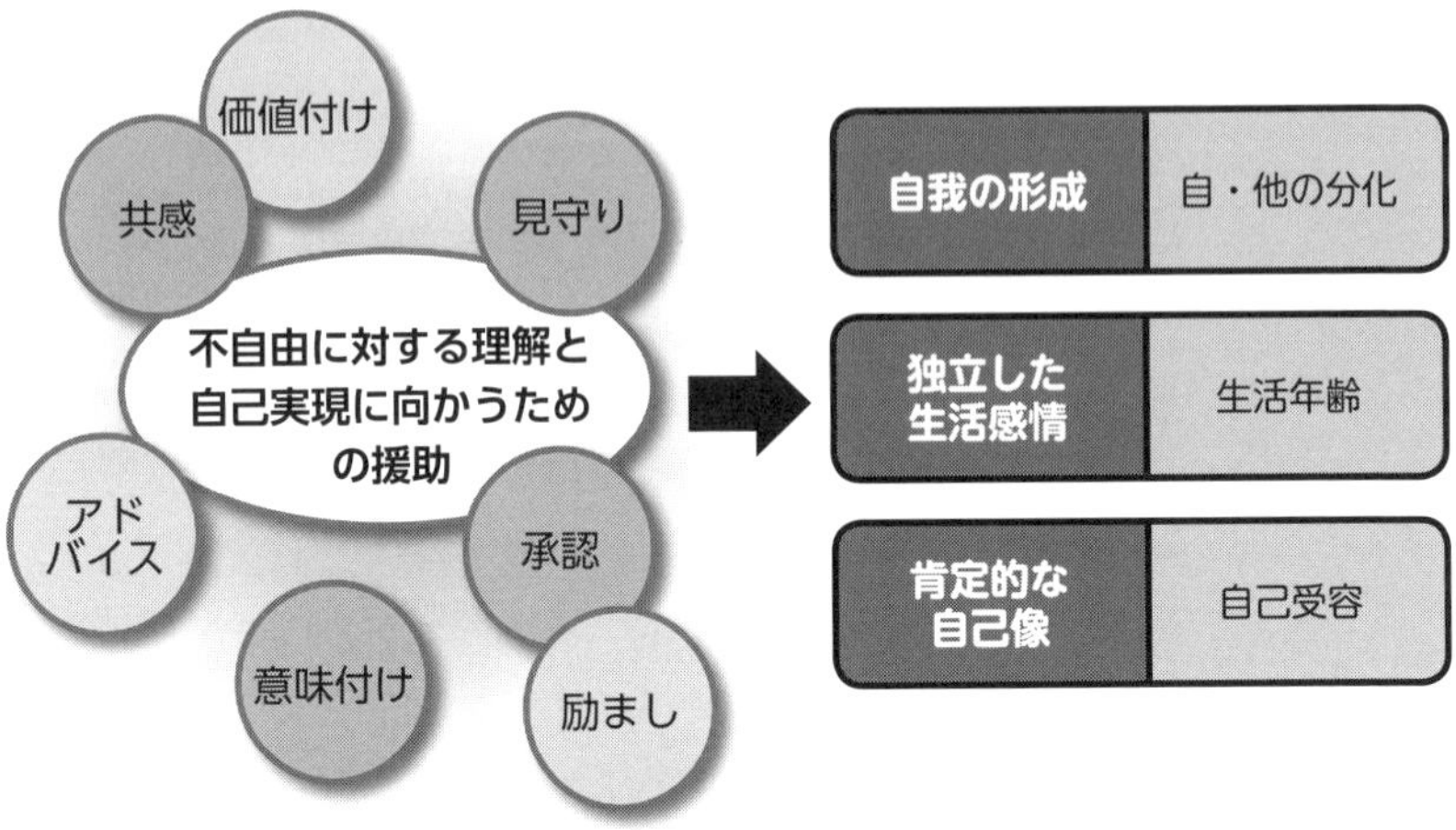

頑固さや、情緒の不安定、やる気がない状態、パニックなどに対しては、睡眠と覚醒のリズムが「生体の生活リズム」に添っているかどうかを見直して、規則正しい生活をしていくことが最も効果的です。また、日中は信頼できる人間関係の中で、楽しく運動や学習が積み重ねられているかどうかも大変重要です。

子どもたちは発達欲求をもっていますから、それを満足させる運動や学習が必要です。快の情緒を伴って運動をすると、脳や手・あしの末端部分だけでなく、骨の中にも毛細血管があり、全身の血液循環と脳の毛細血管の維持（血液脳関門）の働きをよくし、ゴースト化を防ぎます。障害がある10代の子どもたちの運動不足は障害を重くしていく可能性があり、危惧しているところです。そういった点でも、教育機関や支援事業が果たす役割と責任はとても大きいのです。

　脳とからだの障害により身体的・知的不自由に加え情緒に弱さがあるため、相手に自分の気持ちをうまく伝えられなかったり相手の要求が理解できなかったりする場合が多くあります。また理解できても、どう行動すればよいのかわからない場合もあります。生活や集団活動に適応できなくて、本当に困っているのは子どもなのです。やがて、どの子も、自分と他との違いに気づきます。そのとき自己受容し、肯定的な自己像を描きながら、仲間と共に自立していく力をつけるよう支援して欲しいと願っています（図69）。

あとがきにかえて

私がT君と初めて会ったのは「つむぎ子ども教室」が、「居場所（放課後等デイサービスの前身）つむぎ」として横浜市の助成を受けて3度目のスタートを切った時でした。T君の障害は重度の自閉症スペクトラム症候群で、当時は、市内の養護学校（特別支援学校）に通う小学1年生でした。興奮すると、奇声と共にピョンピョンとび跳ねながら両手を打ち鳴らします。いやなことがあると、親指の付け根辺りを噛みながら、うなり声を上げます。通常は、洋服の襟元や袖口を噛んでいます。発語はないので、日常生活における指示をある程度理解しているようでしたが、最初は言語理解をどの程度しているのかわかりませんでした。一見してコミュニケーションがとり難い子どもでした。

T君の両親は自営業で、生活のほとんどを仕事に費やしており、彼は、家に帰るとテレビを見て過ごしていました。また、偏食があり、肉とご飯以外は限られたものしか食べることができませんでした。だから、彼が好むものを食卓に出します。「機嫌よく、おとなしくしていてくれればいい……。それ以上、多くは望まない……」と、思っていたのかもしれません。出会った頃は、もうすでに彼の下には妹が二人いて、お母さんは家事と仕事で手一杯で、障害の軽減のために「つむぎ」に通うというよりもむしろ、彼の「放課後を支援してくれるだけでありがたい」という感じでした。

T君が小学4、5年生の頃だったと思います。絵本や図鑑を眺めるのが好きだった彼は、指導員に同意を求めるように絵を指差し、目を合わせてきました。たとえば、「これサルだね」と言うと、「うん、うん」と嬉しそうにうなずきました。小学校ではひらがなの読み書きと絵カードのマッチングの指導が根気よく続けられています。また、絵カードによる指示理解の指導も徹底されています。それが授業や生活の中心となることの是非は別として、彼にも一定の積み重ねがあることがわかりましたから、彼がわかっていることや知っていることについて、喜び、共感することができました。やがて、彼のほうから、指導員に「絵（イラスト）を描いて欲しい」とか、「絵や写真を文字にして欲しい」などの要求が出るようになりました。私たちは、彼の要求に応えていくことが、情緒を落ち着かせ、指示理解を広げながらコミュニケーション能力を発達させる手がかりになると思いました。

しかし、この時は、彼がコミュニケーションをとりたがっていることはわかっても、どうやったらいいかについてはよくわからず、試行錯誤が続いていました。運動した後に、短時間の文字学習にとりくみました。ひらがなやことばの学習に役立ちそうな絵本をそろえて、彼がいつでも取り出せるところに置きました。やがて、絵カードと文字カードを切り離すことにも試みました。

するとと、2〜3枚の文字カードから答えを選ぶことができるようになりました。たとえば、「きょうのおやつ、どっち（を食べたい）？　パン？　ホットケーキ？」と言いながら、「パン」と書いた文字カードと「ホットケーキ」と書いた文字カードの二択から、彼におやつのメニューを決めてもらい、一緒に買い物に行くなどということも、繰り返してとりくみました。

現在、T君は高校2年生になりました。私は、放課後児童デイサービスの「つむぎ子ども教室」にも時どき顔を出すので、子どもたちも、「今日は何をしに来たのかな？」というふうにチラチラと横目で私を見ながら受け入れてくれます。その日、彼はおもむろに、就学前の子どもがいる家庭でよく貼ってあるような、ひらがなの五十音表を机の上に広げました。「ひらがなの読み書きができるはずなのになぜだろう」と思った私は、彼の隣に行って、「何見ているの？」と尋ねました。すると、彼はにっこり笑って私の指をとり、「か・ら・す」と文字表に誘導しました。「カラスね」と私が言うと、彼は嬉しそうに「うん、うん」とうなずきました。

次に私はT君の指を取り、少し強引に「か・さ（傘）」に続き「あ・め（雨）」と続けて、「わかる？」と聞きました。なんと、「うん、うん」とうなずくのです。私は笑いながら「本当かなあ？『か』のつくことばだよ」と言って、彼の指を、また「か」の文字の場所に戻しました。すると、「か・た」と指差した後に、自分の肩に手を置きました。『か』から始まることば遊びだということがわかっていたようです。

少し遊んだ後、「五十音表はもう卒業させたい」と思った私は、紙に「えんぴつとクレヨン、もってきて」と声にしながら書きました。T君は、とても素直にそれらを持ってきて、私の隣に座りました。私は、再び「あか、どれ？」「まる、かいて、ぬって」と書きました。彼は少し困った顔をしました。そこで私は、その文の下に赤のクレヨンで丸を書き塗りつぶしました。すると、すぐに彼が「わかった！」と言わんばかりに真似しました。

次は青、黄色、緑……一度要領を得るとどうすればいいのかわかります。「茶色は知っているかな？……それはオレンジ色だよ。茶色はこれ！　おぼえてね、ちゃ・い・ろ！」と言う私に、目を大きくして「うん、うん」とうなずくT君。「じゃあ今度は難しいかな。書いてね」と私は、彼に、紙と鉛筆を渡しました。私は、紙に「さんかく、三つ」と書きました。私の予想通り、彼は、「さんかく、三つ」と私が書いた紙の下に、そのまま真似して文字を書きました。「違う、違う、こっちの紙に、いち、に、さんよ」と、△△△と書いて見せました。そうなれば「そうか！」となります。やがて、「つぎはどんな問題出すの？」と、ひざを寄せてくるほどです。

ことば遊びから始まって、私とT君は二人でケラケラ笑いながら、遊ぶこと40分あまり。ふと気がつくと、彼のお母さんが迎えに来ており、私たちの様子をすぐ近くで見ていました。お母さんは、「先生とTがこんなに楽しく勉強できるなんて知りませんでした。私、息子としっかり向かい合って遊んでやったことがないと、改めて思いました」と話しながら、うっすら目に涙を溜めていました。また、その場にいた誰もが「彼は学びたがっている」と実感したようでした。

私は、この時の彼の眼の輝きを知的好奇心の表われだと思います。知的障害がある子も、重い自閉症スペクトラム症候群といわれる子どもも、ことばを話せる子もそうでない子も、どんな子も、人とコミュニケーションを取り合って笑い合う人間関係を築きたいと思っているし、「できるようになりたい、わかると嬉しい」という知的欲求があります。そうした子どもたちの思いや欲求を満たしていくような指導や支援をしていくことは、「生体の生活リズム」を獲得させ保障していくことに並んで、保育や教育の大きな柱となると思います。

また、障害がある子も、生活年齢にしたがった、独立した生活感情をもち、自我が形成されていきます。誰でもみんな「わたし、個人」であり、かけがえのない独立した存在として認め合わなければなりません。そして、それを行なうのは大人の責任においてであるし、行政もまた全面的にバックアップしていくことが役割だと思うのです。少子高齢化がますます進んでいく日本において、障害がある子もない子も、一人ひとりの子どもを大切に育てていくことが、幸福な社会の実現につながっていくのではないかと思います。私は、障害児・者への差別や虐待を、心から醜い恥ずべき行為だと思うし、そうしたことがなくなるような社会であって欲しいと願っています。

本来は、大人が子どもにどうすべきかを教え、指導していくべき立場であるのですから、子どもの発達についてもっと学んでいく必要があります。その学びの多くは実践からです。障害児の前で、またその親の前で、まず、お互いに謙虚な姿勢で学び合いましょう。そこから、専門性は生まれてくると思います。

最後に本書を刊行するにあたってお力添えいただいた合同出版の坂上美樹さん、山林早良さんに心からお礼を申し上げます。私の急なスケジュール変更にも対応しながら、図表と本文がうまくかみ合うようにていねいに編集していただき、わかりやすい物に仕上がったと思います。本当にありがとうございました。

是非多くの方々に読んでいただき、実践に役立てて欲しいと心から願っています。

2018年11月1日

相馬範子

■参考文献

『看護のための症状Q＆Aガイドブック』岡田忍 監修、2016年、サイオ出版
『新しい保育実践の考え方・進め方』河添邦俊 著、1991年、大修館書店
『「障害児保育」のみちすじ』河添邦俊 著、1995年、ささら書房
『障害の重い子どもの発達診断　基本と応用』白石正久 著、2016年、クリエイツかもがわ
『行動障害が穏やかになる「心のケア」―障害の重い人、関わりの難しい人への実践』藤本真二 著、2016年、クリエイツかもがわ
『やさしく学ぶからだの発達』林万リ 監修、2011年、全国障害者問題研究会
『子どもの体温と健康の話』野井真吾 編著、2013年、芽ばえ社
『感情の脳科学―いま、子どもの育ちを考える』中村俊 著、2015年、リーダーズノート出版
『保育者が基礎から学ぶ乳児の発達』丸山美和子 著、2011年、かもがわ出版
『フクロウ症候群を克服する―不登校児の生体リズム障害』三池輝久 著、1997年、講談社
『脳と生物時計―からだのリズムのメカニズム』中川八郎＋永井克也 著、1991年、共立出版

『乳幼児の運動発達と支援―気になる動きと弱さへの指導―発達障害児も視野に』北村晋一 著、２０１３年、群青社
『子どもの脳は蝕まれている』寺沢宏次 著、２００６年、ほおずき書籍
『「メディア漬け」で壊れる子どもたち』清川輝基＋内海裕美 共著、２００９年、少年写真新聞社
『赤ちゃんの脳と心で何が起こっているの？』リザ・エリオット 著、小西行郎 日本語版監修、福岡洋一 訳、２０１７年、楽工社
『「子どもの貧困」解決への道―実践と政策からのアプローチ』浅井春夫 著、２０１７年、自治体研究社
『脳を鍛えるには運動しかない！―最新科学でわかった脳細胞の増やし方』ジョン・J・レイティ＋エリック・ヘイガーマン 著、野中香方子 訳、２００９年、NHK出版
『時計遺伝子の正体』NHK「サイエンスZERO」取材班＋上田泰己 編著、２０１１年、NHK出版
「脳由来神経栄養因子BDNF遺伝子発現誘導能に基づいた脳機能改善効果を有する生薬・和漢薬のスクリーニングおよびその作用機序の解明」福地 守ほか 共同研究、２０１５年、http://www.inm.u-toyama.ac.jp/jp/collabo/h28_download/report/28_2.pdf

■認定特定非営利活動法人 ムーミンの会

どの子もその人格を発達させながら、生涯にわたって能力を開花できるような社会をめざし、地域の福祉を啓発し、社会に貢献をしようと、1980年、無認可の乳児園としてスタートしました。以来「平和な世の中であってこそ、子育ては楽しい」という思いを引き継いできました。2005年に法人を立ち上げ、子育ての科学とそれに基づいた実践をつづけています。

2018年11月現在、神奈川県横浜市に認可保育所を3か所、保育所と放課後児童クラブと障がい児発達支援デイサービスの機能をもった子ども子育て支援複合施設を1か所、障がい児通所支援施設として児童発達支援施設と放課後等デイサービスをそれぞれ2か所、放課後学童保育を2か所、常設子育てひろばを1か所運営しています。

〒220-0055　神奈川県横浜市西区浜松町10-10 子育て支援施設 なかまの杜内
TEL: 045-315-2141　FAX: 045-315-2538　http://moomin-asobi.org/

運営施設一覧

- **認可保育所：あそびの杜保育園、ムーミン保育園、ろぜっと保育園**
- **子ども子育て支援複合施設：なかまの杜**
- **多機能型障害児通所支援事業：つむぎ子ども教室**
  児童発達支援事業＝なかまの杜教室、南浅間教室
  放課後等デイサービス＝なかまの杜教室、久保町教室
- **放課後学童保育：陽だまり児童クラブ、なないろ児童クラブ**
- **子育てひろば：あそびっこ広場**

子ども子育て支援複合施設
「なかまの杜」内 ろぜっと保育園

●著者紹介

相馬範子（そうま・のりこ）
1958 年静岡県藤枝市生まれ。
東北福祉大学社会福祉学部社会福祉学科卒業。
1985 年、「つむぎ子ども教室」を主宰。1988 年には「つむぎ子育て研究所」を立ち上げ、代表兼理事長を務める。
2004 年、「ムーミン保育園」園長に就任。2008 年、「あそびの杜保育園」園長に就任。2015 年より現職。子どもの生活リズムと発達に関する科学的理論を基に、発達の遅れや障害がある子どもたちの指導と講演活動を行なう。

障害児が変わる！
脳・からだ・こころを目覚めさせる科学的発達支援

2018 年 11 月 30 日　第 1 刷発行

著　者　相馬範子
発行者　上野良治
発行所　合同出版株式会社
東京都千代田区神田神保町 1-44
郵便番号 101-0051
電話 03（3294）3506　FAX03（3294）3509
URL：http://www.godo-shuppan.co.jp
振替 00180-9-65422
印刷・製本　株式会社シナノ

■刊行図書リストを無料送呈いたします。
■落丁乱丁の際はお取り換えいたします。

ISBN978-4-7726-1367-5　NDC378